U0903221

范江京股票投资实战金典

范江京◎著

秒懂K线

领悟K线是新股民
实战技术提升的精髓

（实战提升版）

机械工业出版社
CHINA MACHINE PRESS

《秒懂 K 线》（实战提升版）介绍各种常见的，且具有较强市场预测功能的十字线、上吊线、倒锤子线、乌云盖顶、跳空等 K 线形态。还原常见的实战场景，从形态的表面特征，到透过形态表面深入盘面细节，让读者从 K 线的走势动向上领悟到主力的做盘思想和操盘意图。同时，也会重点为读者阐述同一 K 线形态出现在不同场景时的操作技巧，力求通过 K 线技术帮助读者提升自己的实战水平。

图书在版编目（CIP）数据

秒懂 K 线：实战提升版/范江京著. —北京：机械工业出版社，2017.4（2018.4重印）
（范江京股票投资实战金典）
ISBN 978-7-111-56510-9

Ⅰ. ①秒… Ⅱ. ①范… Ⅲ. ①股票交易—基本知识
Ⅳ. ①F830.91

中国版本图书馆 CIP 数据核字（2017）第 069743 号

机械工业出版社（北京市百万庄大街 22 号 邮政编码 100037）
策划编辑：李 浩 责任编辑：廖 岩
责任校对：李 伟 责任印制：李 昂
三河市国英印务有限公司印刷
2018 年 4 月第 1 版第 2 次印刷
180mm×250mm・13.25 印张・1 插页・166 千字
标准书号：ISBN 978-7-111-56510-9
定价：45.00元

凡购本书，如有缺页、倒页、脱页，由本社发行部调换

电话服务	网络服务
服务咨询热线：（010）88361066	机工官网：www.cmpbook.com
读者购书热线：（010）68326294	机工官博：weibo.com/cmp1952
（010）88379203	教育服务网：www.cmpedu.com
封面无防伪标均为盗版	金书网：www.golden-book.com

从书序

K 线是每一位参与股市的投资者们必须要去面对的一种技术指标，也是基本的股票技术分析指标。在 K 线走势图上我们不仅能看到股价当天的走势情况，还能看到股价在过去一段时间里的运行状态。日 K 线图是由无数根单日 K 线所组成的一张“地图”，而我们想要看懂这张“地图”就必须了解每根 K 线的含义，从而综合这些单日 K 线的走势来判断主力资金的意图。

对于初学者而言，我们首先要了解市场上常见的单日 K 线，以及一些基本的 K 线形态所代表的市场意义，这是我们作为初学者必须要找到的一个“入口”。在实战过程中，对于 K 线的一切研究都是基于这个“入口”的，进了“入口”才会有更好的“出口”。

而对于有一定实战经验的投资者而言，在研究 K 线的过程中，要善于基于这个“入口”深入到盘面细节的研究中去，不能过度地依赖形态的表面去下定论，要综合运行过程中的细节和形态去分析判断。当然，还要结合当时的大势来判断，这种判断才是王道。仅仅看看形态就去决定操作的方向，这是散户思维，依靠这种思维是难以在股市中长期立足的。

本丛书将为大家详细阐述各种常见的单日 K 线，以及 K 线组合所代表的市场意义，让大家体会到同一类型的 K 线及其形态在不同场景下，所带来的差异性导向，甚至是相反性导向。同时，也会让大家体会到同一类型的 K 线以不同形式形成时带来的差异性导向，甚至是相反性导向。

本丛书的内容以实战为核心，以盘面细节为重点，由浅入深并由点到面为大家阐述在不同场景下，出现的各种常见性的K线所预示的市场意义。同时，在讲解的过程中会通过实例给大家展现直观性的剖析，让大家体会到零距离的“复盘式”阐述。

本丛书分为基础入门版和实战提升版。基础入门版将会给大家普及基本的K线，及其出现在不同场景时的市场意义，深度解析这些基本K线以不同形式形成时的差异性。同时，也会重点与大家分享实战过程中的应对策略。

实战提升版将会给大家讲解各种常见的、具有较强市场预测功能的K线形态。从形态的表面特征，到透过形态表面深入盘面细节上的讲解，让大家从K线的走势动向上领悟到主力资金的做盘思想以及操盘意图。同时，也会重点为大家阐述同一K线形态出现在不同场景时的操作技巧。

对于新手而言，经过本丛书的学习能轻松地掌握基本的K线形态的技术要点，并掌握参与实战、应用过程中的操作技巧。更关键的是，能够让大家知晓各种常见K线形态中主力资金的操盘意图，以及在K线形态形成过程中主力资金惯用的一些伎俩。

对于有一定实盘经验的投资者而言，经过本丛书的学习可以系统地梳理K线知识、优化分析K线的技术能力以及提升实战操作水平。更重要的是，投资者能够学会用仓位布控去降低实战过程中的系统风险。

对于K线技术指标而言，倘若我们想玩超级短平快的节奏，往往是不太现实的，除非在大势一路向好的情况下。偶尔的几次得手是很正常的，失多得少也是再正常不过的。所以，希望读者在阅读本丛书时，要带着一份理性的心态去思考，去给自己的投资定位。要想在股市中胜出，理性地明确自己的标的很重要，在操作上不盲从、不流俗，买进后你才会不茫然。

我也是从一个再普通不过的学习者、一个普通的投资者成长起来的。我也曾亏损过、迷茫过，但在操作上无论是得手还是失手，每一次操作过后我都会去总结、去反思。不断地质问自己，每次操作中是因为什么而赚，因为什么而赔。我深知靠运气、靠碰巧无法在这个市场中长期地生存下去，在看盘的过程中我也是从一点一滴中积累起来的。有积累才会有爆发，这是这么多年以来我对待这个市场的态度。

买与卖其实就是一瞬间的事情，但这一瞬间的背后一定是伴随着你辛勤的付出、你真诚的对待。这是一种理念也是一种态度，有理念有态度你在这个市场中才能有长期的收获；不然，我们偶尔的几次收获也只是短暂的辉煌，这种辉煌并不会持续地“美丽”。

贪婪与恐惧其实都是源自于我们内心的不平静，无论是在投资过程中，还是在生活上都是如此。在跟盘的过程中，首先要保持心态的平静，要将自己视之为一个真正意义上的看客，而非是炒客，放下作为投资者本身的功利去思考当时的盘面走势，这种思考才是理性的。当然，对于一般的散户而言，在红红绿绿的股市中放下所有的功利是一件难以做到的事情，但又是必须要去做到的，做到了才不会有恐惧与贪婪。先把看客做好了，再去做炒客时就会自如、自信许多。

在投资路上之所以恐惧，是因为在某个时点上我们看不懂，但又担心错过行情，在纠结与迷茫中继续“作战”。有些时候我们要学会休息，懂得放下；看不懂时要休息，茫然时要放下，要不然就真的会醉倒在路上。在这个市场中，我们每个人都不是神，不可能真真切切地预测对每一次走势，不可能在每一轮行情中都赚到尽头。懂得放弃一些原本不属于自己能力之内的东西，我们才不会恐惧。

之所以贪婪，是因为自己在不淡定的状态下冲动。在投资的路上，理性、从容才会淡定，淡定才有投资与生活上的品质。在这个市场中，投资要量力而行，关键的不是你赚得起赚不起的问题，而是你赔得起赔不起的问题。之所以贪婪，是因为我们把心放纵了，心放纵了手自然而然就跟着放纵了。入市之前要真诚地问问自己，万一赔了呢？会不会影响自己的正常生活、正常工作？有了这种真诚，我想在每一次的操作中贪婪就不会与你有交集。不恐惧不贪婪了，我们的投资才会是自如的，才会是快乐的。

在这个市场中，无论是谁，只要我们是一名普通的散户，那这个市场对于我们每一个人来说就都是公平的。所有的过程和结果都要我们自己去承担，唯有付出了过程，结果才会灿烂丰硕。如果在每一次的操作过程中，你都在付出、研究，不曾欺骗自己，不是道听途说，这种投资才不会是盲目的，才是真诚的。为人处事要真诚与坦诚，在资本市场上投资亦如此，正所谓："心诚则灵。"天助自助者，而勤奋、专注就是我们自助的武器。

我们每一个人都不是天才，在这个充满血腥味的市场中，我们唯有保持一颗理性的心，不断在实战中总结，勤勤恳恳地付出，懂经济趋势，才能懂基本面、懂技术面。一名成熟的投资者，其标准之一就是 99%的盈利不是靠运气凭侥幸而来的。不要高估自己的过去，踏实地去面对未来。这么多年来，我见过太多的盲目及从众的投资者们最终跌倒在这个市场上。这个市场是公平的，同时也是残忍的，大家一定要量力而行，且做且珍惜，且做且谨慎。

用闲钱投资你才能放松，在资本市场上投资赚钱要"等得起"，等不起也就伤不起。今天挤点钱出来或借点钱买只股票，等着明天赚点钱出来买米下锅，这种投资心态是可怕的，在这种状态下去投资肯定是紧张而恐惧的。

通过书籍相识也是一种缘分，对待每一位读者我都是坦诚地去交流我的投资理念，真诚地将我所学的以及十多年来在实战中所总结出来的经验，与广大读者们进行分享。也希望我的读者都能真诚地去对待这个市场，在这个市场上真诚地付出，有付出才会有收获，没有等出来、碰出来的美丽，只有踏踏实实用心经营出来的辉煌。

最后，借此机会感谢所有的读者及机械工业出版社的编辑和领导们，感谢你们一直以来的信任和支持，同时也真诚地希望大家对书中不完美的地方进行指正。我将会尽我所能地去完善，尽最大的努力为大家提供有助于实战操作的图书，大家可以通过微信、微博与我进行交流（微信号：fanfan198198，微博：http://weibo.com/fjj198）。

范江京

2017 年 2 月

目 录

第一章 风险与机会并存的十字线

十字线是一种特殊的K线形态，也是一种非常重要的K线形态，在实际操作过程中经常会碰见这种形态。当这种形态的K线出现在某些特殊位置时，它就是很强的市场预测信号，即很强的看涨信号或是看跌信号。

十字线经常出现在市场的底部区域，也常出现在股价经过一波长期的上涨之后的高位区域。当然，在股价运行过程中也会不时出现这种走势现象。但无论这种类型的K线是出现在哪个位置，它都具有研究价值。

值得注意的是，在收出十字线时，当天的开盘价格可以高于前一天的收盘价，也可以低于或者等于前一天的收盘价格。只要当天的收盘价格和开盘价格相等，并且最高价高于开盘价而最低价低于开盘价，我们就称之为十字线，如图1-1所示。

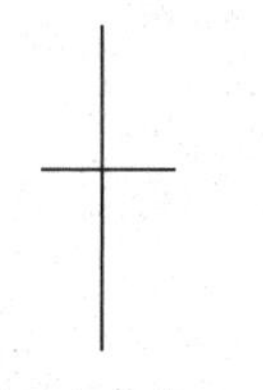

图1-1 十字线（Ⅰ）

十字线有时被细分为“长腿十字线”和“长头十字线”，如图1-2所示。当收出来的十字线的下影线相当长时，就称之为“长腿十字线”。一般情况下，下影线的长度要比上影线长度长一倍以上才能被称为“长腿十字线”。

当收出来的十字线的上影线相当长时，就称之为“长头十字线”。一般情况下，上影线的长度要比下影线长度长一倍以上才能被称为“长头十字线”。

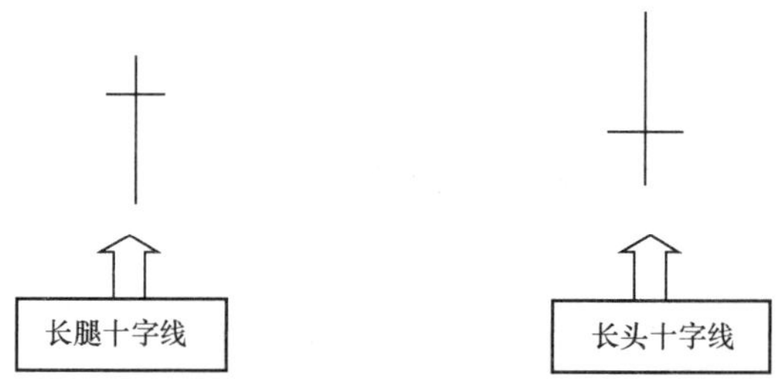

图 1-2　十字线（Ⅱ）

在出现“长腿十字线”时，表明股价在当天的运行中出现了大幅度的回落，但回落之后吸引了大量的买盘，在买盘的不断涌入下，股价被大幅度拉起，标志着下档承接力相当强。而在出现“长头十字线”时，表明股价在当天的运行中出现了大幅度的冲高，但在冲高之后受到了上档抛压盘的打压而出现大幅度的回落，同时也引发了大量的短线获利回吐盘，标志着上档的压力很沉重。

后市出现的场景及应对策略

从某种层面上而言，十字线其实是多空双方经过一天较量后，最终都会回到“原点”。换言之，这种形态只是预示着多空双方在当天达成了“妥协”，但这种“妥协”仅局限于当天，至于接下去的走势何去何从，还要依据当时股价所处的位置，以及结合盘面上的细节来综合分析判断。

对于这种走势形态的市场意义，我们应分别从以下几个场景去思考它。

场景一：反弹或反转

如果股价经历了一波长期的下跌行情，进入低位区域时收出了十字线的走势，那则预示着卖盘出现了减弱，后市股价有企稳反弹或者反转的可能。但是在具体的分析判断过程中，我们还要根据当时的盘面情况来综合分析，不能一概而论地认为只要在低位区域中出现了这种 K 线走势，后市股价就能迎来一波上涨行情。

实例观察

下面我们通过一个实例来具体分析一下：

例如中国建筑（601668）（见图 1-3）：股价在经过一轮长时期的下跌行情之后，进入低位区域中运行时就出现了十字线的走势，出现这种走势形态后，股价虽然继续下挫，但是很快就出现了企稳。

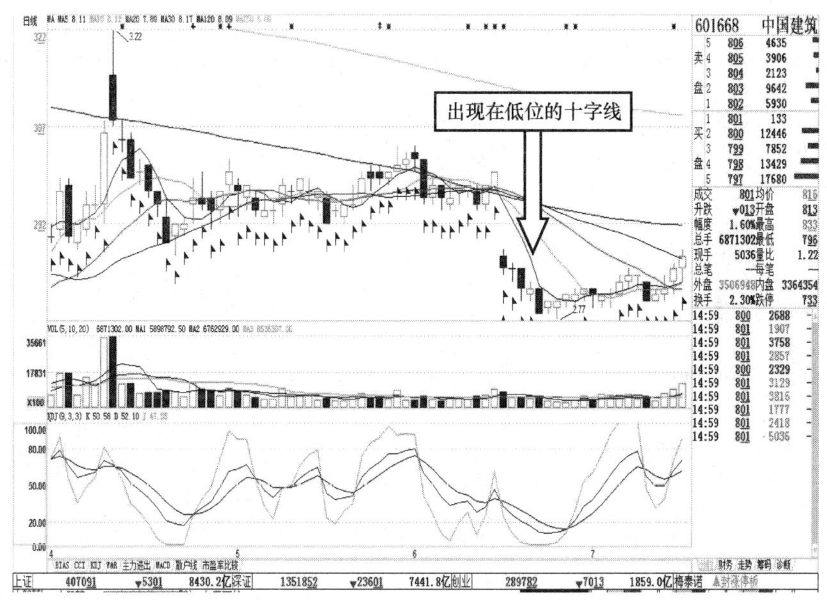

图 1-3　中国建筑（Ⅰ）

这种走势的个股是很常见的，对于新手来说也是比较难掌握的。就该股而言，很多投资者会认为此时股价会出现止跌，从而在当天就迫不及待地入场买进。对于这部分投资者来说，做出这种操作决定无非基于以下几个理由：

其一，从很多书籍或者渠道上了解到，这种十字线出现在低位时是一种止跌信号，从而便迫不及待地入场买进，生怕第二天股价涨起来后没有机会捡到便宜筹码。

其二，看到当时的股价已经经历了一轮长期的下跌，从而认为此时股价继续下跌的空间不会太大，而忽视了风险的存在，至少是忽视了短期风险的存在。

对于新手，甚至对有一定实战经验的投资者来说，当碰到这种走势类型的个股时，有着以上这种思维方式也是很正常的，但倘若失手之后不去自我总结、自我反思，那或许就不正常了。

从当时的走势中我们可以看到，在形成这种十字线之前，股价是在低位区域中的，原则上是有企稳止跌的可能，但从图 1-4 中我们却看到，出现这种十字线之前，股价也经历了几天短暂的横盘走势，随后向下跌破这个横盘的平台并收出一根下跌的阴线。这其实是一个向下破位的动作，无论这种破位是否为假破位，一旦做出这种动作，即使是一个假破位的动作，那么后市股价也往往会有惯性的下挫。

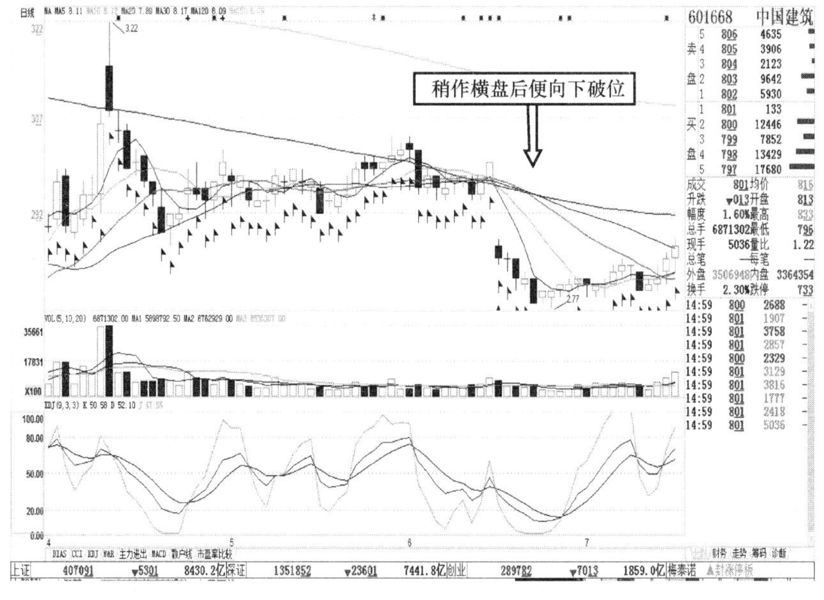

图 1-4　中国建筑（II）

在该股的走势中，很多投资者会忽视上面谈到的这个假破位的动作，或者对破位这种动作没有进行深入的了解，从而在该股出现的十字线中盲目地入场杀进，而杀进之后股价并没有立刻止跌企稳，而是继续走出了几天的下跌行情。

可以想象，对于实战经验不是很丰富的新手来说，一旦买进就被深深地套住时，至少在心理上会有较大的压力，尤其是在重仓入场的状态下。心理上有了压力，往往是很难继续坚守住的，即使股价在继续下跌几天之后会止跌企稳，甚至迎来一波真正意义上的上涨行情，那往往也是享受不到的。从图 1-5 中我们可以看到，股价在继续下跌几天之后，便出现了一段时间的横盘筑底，最终走出了一波触底上涨的行情。

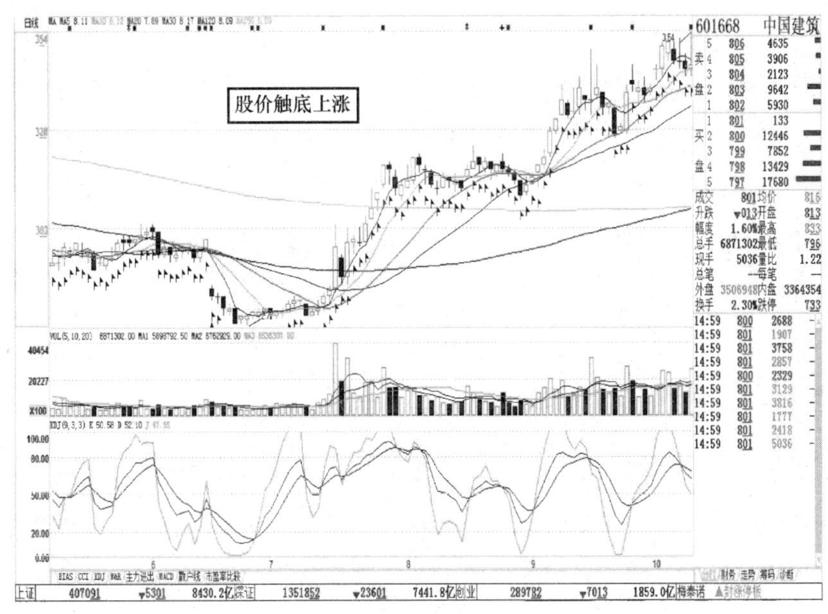

图 1-5　中国建筑（III）

经过以上的分析，希望大家对十字线能有新的思考和新的认识。

当十字线出现在低位区域时，虽然有止跌企稳回升的“功能”，但这种“功能”并不是一定会出现的，是需要具备一定前提条件的，同时这种“功能”也并不意味着股价会立刻企稳并走出一波上涨的行情，有些时候也是需要时间去“酝酿”的，“酝酿”过后才会有真正意义上的上涨行情出现。

场景解读

对于在低位区域出现的十字线，在分析的过程中，我总结了以下一些要点，在此仅供大家参考使用：

要点一：要有加速或放缓性动作

在出现十字线之前，股价的下跌速度要有个放缓的动作，或者是出现了一个加速下挫的动作。

如果有放缓性动作的出现，那就预示着盘中做空的能量在逐步地减弱，这会给股价接下来出现企稳回升提供一个前提性的条件。当然，倘若出现了加速下跌的动作，而且这种加速下跌是被盘中出现的向下对倒单打压下去的，这种动作反而不可怕。这种动作预示着盘中有主力资金在活动，而这个时候股价又是处于低位区域中的，做空能量经过这种加速释放之后，也给股价企稳回升提供了一个想象的空间。

要点二：要有缩量的动作

在出现这种十字线之前的一段时间里，成交量最好是能随着股价的不断下跌而呈现萎缩的状态，成交量萎缩得越快越好。如果成交量呈现出明显的萎缩，则预示着做空能量有可能会随着股价的不断下跌而被释放完毕。当然，有些时候在出现这种十字线之前的一段时间里，或者是在出现十字线当天，成交量也可以是放大的，但大部分的成交量必须是由于盘中出现了大量的向下对倒单所导致的，而不是由于盘中出现了持续性的主动性卖单所导致。换言之，这种放大并不是市场行为，而是被一股故意干涉性的力量所左右，从而迫使成交量出现放大的现象，这种放量是一种虚量。

要点三：要有阳线验证信号

收出十字线的第二天，股价必须收出一根上涨的阳线，上涨的幅度越大越好，截至收盘时股价最好能够收在10日均线以上，至少也要收在5日均线之上。

在出现十字线的走势时，必须满足以上条件后市股价才有可能出现反弹或者反转向上的行情，否则就要谨慎对待，不要一看见收出十字线的个股就盲目地杀进去，很多投资者就是因为没有掌握这些技术要点才导致被套其中的。

还有一种特殊类型的个股，那就是在满足以上条件的同时股价在收出十字线当天是以低于前一天收盘价格开盘的，并且当天的成交量也是呈现出极度萎缩的状态，第二天股价突然发力，收出一根涨停的大阳线，而且是缩量涨停的。出现这种走势的个股则标志着已经有强庄入驻了，并且此时庄家已经高度控盘，特别是在第二天开盘时股价就被封住涨停，截至收盘时都没有被打开过，成交量也是呈现出极度萎缩的状态。

对于这种类型的个股，后市出现一波大幅度上涨的行情将会是大概率事件，碰见这种个股时，投资者要把握好其中的机会，虽然股价不一定立刻出现大涨，但上涨将是主流趋势。

当投资者碰见在股价经过长期下跌之后出现十字线形态的个股时，在操作策略上可以参考以下操作技巧。

操作技巧

持币者

（1）不盲目地去做接盘侠

倘若在收出十字线当天是由于大量的对倒盘把股价拉上去的，而在股价冲高回落的过程中不断地出现卖单，但这些卖单都不是大手笔的，而是陆陆续续的小单抛售，从而形成了这根上影线。

当股价在当天出现下探之后的回升是由于大量的对倒盘把股价快速拉起的，等到被拉到一定程度之后股价就呈现出震荡的走势，并且在震荡的过程中盘中不断有卖单出现，此时投资者千万不要去买，后市股价出现继续下跌的可能性极大，这往往是庄家最后出逃时故意做出来的技术形态，让投资者去接盘。

（2）试探性地入场

倘若收出这种十字线时，股价在低位有一个放缓式的缩量下跌动作出现，同时在收出这种十字线当天盘中的主动性买单也较为积极，在这种情况下，如果在第二天的走势里股价能够继续走强并收一根上涨的大阳线，这个时候投资者们可试探性入场参与操作，但不宜重仓入场，待在接下来的几个交易日股价确实能走强后再逐步加仓。

（3）不在横盘中操作

倘若在收出这种十字线之后，股价进入横盘阶段运行，即便在横盘的过程中成交量出现明显的萎缩，作为新手而言，在横盘的过程中也尽量不要去参与操作。首先，横盘之后并不意味着股价一定就能直接启动一波上涨行情，有些时候在横盘后往往还会出现故意打压的动作，从而促使股价向下破位，经历破位之后股价才会逐步进入反转向上的行情中。基于此，投资者要宁可等待股价向上突破横盘平台后再去入场参与。对于新手而言，也不要去冒这种有可能会向下破位的险。其次，即便不会出现向下破位，有些时候横盘往往也是长时间的。一旦股价在长时间内没有起色，对于新手而言往往是很难坚守的，会在股价还没有启动时就离场出局了。

持股者

（1）在确认中坚定

这里所谈及的确认，主要指两个方面。一是要确认目标个股是有主力资金入驻的；二是要确认当时盘面的抛压是稀少的，即股价在经历了一波长期的下跌行情之后，做空能量已经得到了充分的释放。在这种情况下，对于持股者来说就要坚定地“蹲守”下去，除非当时的盘面上出现了刻意性的打压，或者出现了突发性的利空。

有些庄股，在低位区域即便出现了这种止跌性的十字线形态，往往也会让股价继续在低位区域进行反复性的磨底走势，以此来消耗持股者的信心。

（2）在刻意打压中加仓

倘若我们锁定的目标个股是有主力资金入驻的，那在低位区域收出了这种十字线之后，主力出来刻意打压，比如使用频繁地向下对倒的形式，或者在卖盘上频繁地挂出大手笔的大单，促使股价在分时走势图上呈现直线式的下挫。但是股价在下挫过程中，盘面上很少有主动性的抛压涌现。在这种情况下，对于持有该股的投资者而言，就可以考虑在股价下挫之后，并出现明显的止跌企稳之时加仓，但这个时候也不能盲目地重仓出击。

一般情况下，在经历刻意性打压的下挫之后，而卖盘上频繁挂出大手笔的大单，股价依旧能企稳并逐步向上回升的话，那么这个时候就是适当性加仓的一个较好时机。

温馨提示：

对于在低位区域形成的十字线，很多投资者往往会在两个层面上出现问题。一是盲目乐观，仅仅看到这种 K 线形态有止跌的功能，而没有深入到盘面的细节中去研究，更没有搞清楚形成这种形态的场景是怎样的，因为在形成过程中不同的场景是有着不同的市场意义的。

二是抱有“短视”的心态，有些投资者在分析的过程中，其实是有能力，同时也锁定了盘中是有主力入驻的，但就是缺乏耐心，总想买进之后股价就会立刻上涨。一旦买进，碰到股价依旧在反复性地磨底时，往往就会不耐烦地离开。

场景二：遇阻调整

当这种十字线出现在股价运行到重要的技术关口附近，如60日均线、半年线以及年线附近时，就说明买卖双方在这个位置附近争夺比较激烈，而且在这种技术位置附近本身就存在着一定的压力，至少在投资者的心理上是有一定的心理阻碍的，即很多投资者看到股价运行到这种技术压力位置附近时，就会自然而然地认为会受到阻力的压制，在这种情况下他们就会潜意识地减仓或离场。

因此，当这种十字线出现在此位置时，往往预示着后市股价会出现调整的走势，当然多方也有可能立刻组织力量起来冲击，使股价走出一波继续上涨的行情。所以，股价具体的走向还要由当时实际盘面的动态来决定。

实例观察

下面我们结合实际的案例来详细地分析。

例如亚盛集团（600108）（见图1-6）：该股当时运行到半年线附近时，就收出了这种十字线的形态，随后股价便直接向上突破了这个技术压力位置上的阻力，走出了一波上涨的行情。

这种走势类型的个股在实战过程中是非常常见的，也是最容易将投资者套住的，这种类型的个股既有攻击力，又具“杀伤”力。换言之，在半年线这种重要的技术压力位置附近出现的十字线，其所带来的后市运行方向是可上可下的，最关键的是要看其形成的内因，以及之前行情运行过程中的综合迹象等因素。

对于该股而言，在形成十字线之后股价直接向上形成突破，并在随后的走势里走出了一波上涨行情。仔细观察当时的盘面走势，就不难发现股价在半年线之下经历了一段较长时间的休整，最关键的是在休整的过程中，成交量出现了明显的萎缩。

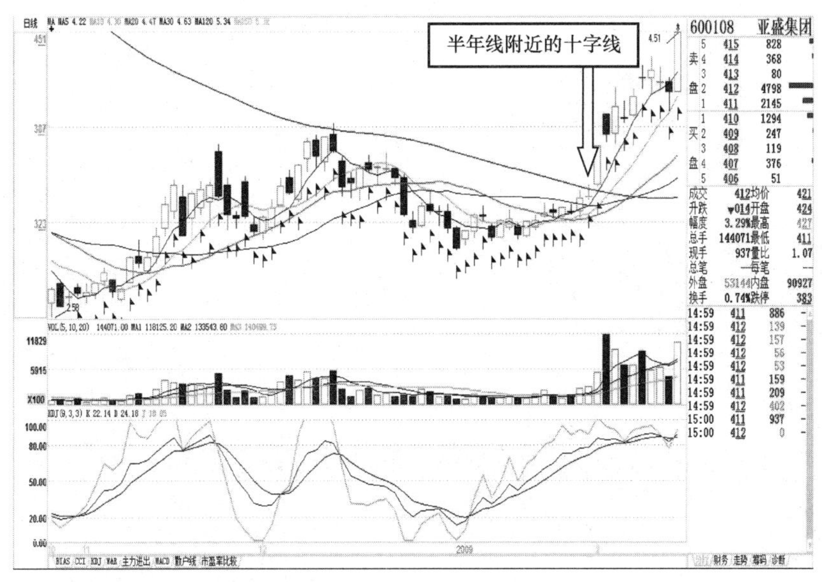

图 1-6　亚盛集团

这种萎缩至少预示着这个过程中的抛压是相对稀少的，换言之，半年线附近的十字线所带来的抛售压力并不是很严重，这就给股价向上挑战这一阻力位置提供了一个前提条件。另外，该股在此之前曾经向上试图突破过一次半年线，在这次突破的过程中就已经消化了一部分前期的套牢筹码。在一般情况下，股价的每一次突破都会给原本在这个位置附近被套的投资者解套的机会，这种解套会逐步减轻这个阻力位置的抛压，也会给后面的再次突破提供有利的前提条件。

对于新手而言，在分析任何一种 K 线形态时都不能孤立地去思考它，也不能用“定期”的思维去思考它的市场意义。在这个市场中，没有任何一种 K 线形态是有绝对性的市场预测功能的，我们必须学会用变通的思维去思考它所带来的市场意义，并不断从运行过程中总结所具备的条件。

如图 1-7 所示的罗顿发展（600209），该股也是在半年线附近出现了十字线的走势形态，但是该股并没有立刻向上形成突破，而是先经历反复性的整理后再逐步向上运行的。

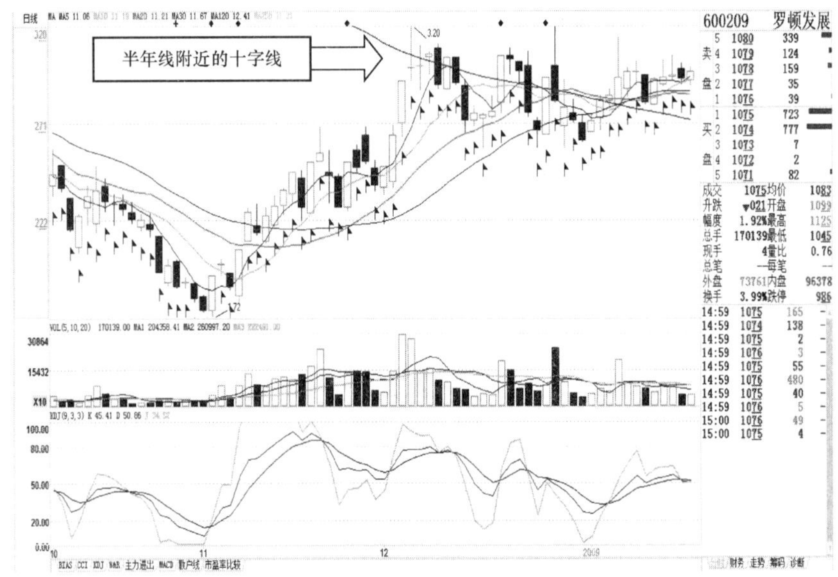

图 1-7　罗顿发展

有些个股在这种重要技术压力位置形成十字线后，往往还会进入回落调整的阶段中，有的甚至还会走出一波下跌的行情。

下面就来分析一下，面对在重要技术压力位置附近出现的十字线，在分析判断它的市场意义时，有哪些场景要点是投资者必须掌握的。

场景解读

要点一：冲击时放量，回落时缩量

这里所说的冲击，是指股价在收出十字线当天走势过程中向上运行时的冲击，而回落是指股价在形成这种十字线当天的回落。当然，倘若在形成这种十字线当天，股价正好是在向上冲击阻力位置，此时就更需要这种量价关系的配合了。

冲击的过程中能够放量，那就预示着盘中做多积极，至少标志着冲击的过程中得到了量的配合。而在回落的过程中能够缩量的话，那至少预示着盘中的抛压程度并不严重。

倘若在股价上冲的过程中成交量呈现萎缩的状态，即这个过程中的主动性买单并不是很积极，那么在收出这种十字线之后的走势中，股价往往会进入整理阶段。而在形成这种十字线当天股价回落的过程中，主动性卖单不断涌现，从而导致成交量出现明显放大，在这种情况下，一旦做多力量没法跟上，同样会促使股价进入整理阶段运行，甚至会引发一波下跌行情。

要点二：有整理就会有力量

对于在这种压力位置附近出现的十字线形态，主动性整理是非常重要的。倘若在出现这种形态之前，股价就经历了反复性的整理，而且在整理的过程中成交量有一个明显萎缩的过程，是最好不过的。如果成交量出现极度萎缩，那就更好了。

这一点理解起来比较容易，有整理的过程就等于有了一个消化这个阻力位置上的压力的过程。在这种情况下，后市股价试图向上突破就会显得更加轻松自如。换言之，这种整理会给后面的突破提供有利的前提条件。

要点三：上涨幅度不宜过大

在形成这种十字线时，股价的整体上涨幅度不宜过大，倘若股价触底回升之后运行到这种重要的技术压力位置附近时，已经有了较大的上涨幅度，尤其是在短期内上涨幅度过大的话，那么在这个过程中势必会积累大量的短期获利筹码。

这些短期的获利筹码是很不稳定的，一旦股价运行到这种重要的技术压力位置附近，出现滞涨动作的话，则很有可能会引发这部分获利筹码的获利了结，这种了结自然会给盘面带来一定性的压力，这对于股价向上突破是不利的。换言之，在这种情况下，后市股价很有可能会先进入调整阶段运行。

操作技巧

持币者

（1）不突破高点不入场

如果出现十字线当天的最高价低于前一天的最高价，成交量呈现放大的现象，而且成交量的放大是由于盘中出现了大量的主动性抛压所致，那么在这种情况下持币者最好不要去碰它，后市股价出现回落整理的可能性相当大。

（2）在充分整理下试探买进

倘若在收出这种十字线之前，股价在这种重要位置之下已经经历了较为充分的休整，同时在休整过程中很少有主动性的抛压涌现，那么这至少说明当时的浮动筹码或者前期套牢盘并不是很沉重。

在这种情况下，如果在形成十字线当天，尤其在当天股价回落的过程中，盘面上也很少有主动性的抛压涌现，对于风险承受能力较强的持币者而言，在当天收盘前可以适当地入场买进。但这个时候不宜重仓入场，对于经验不是很丰富的新手而言，最好保持在一成左右的仓位，此时参与试探性地买进，待其向上稳定，突破之后再逐步加仓。

（3）再次回升时分仓入场

无论是上述哪种情况下出现的十字线，在这种重要技术压力位置附近受到阻力回落之后，只要充分消化了附近的压力，并且股价当时的整体上涨幅度并不是很大，那对于持币者而言，当股价企稳再次回升时就可以适当地入场买进。股价在企稳之前盘面上会有一个很明显的特征，那就是股价的回落速度和幅度都会逐步放缓，成交量也会逐步萎缩，同时在回落过程中盘面上出现刻意打压，或者出现刻意挂出大卖单的干涉动作。如果有这些干涉性的动作出现，则预示着该股有主力入驻。

持股者

（1）加速上涨须谨慎对待

倘若在出现十字线的走势之前股价走出了加速上涨的行情，那么此时就要当心股价在出现这种十字线之后会夭折。如果在出现十字线当天成交量明显放大，此时持有该股的投资者可以在股价冲击这种重要技术压力位置的过程中遇到阻力刚开始回落时先卖出，等待股价回落整理企稳之后再考虑买回来。

在一般情况下，倘若在冲击这种重要技术压力位置之前，股价经历了一波加速拉升的过程，那么在这个过程中所积累的短线获利筹码，很有可能会在冲击的过程中获利了结而产生较大的抛压。换言之，在这种情况下，股价很有可能在收出十字线之后走出一波调整的行情。

（2）善于主动减仓应对

无论在收出十字线当天是缩量还是放量，只要第二天股价收出一根放量下跌的大阴线，特别是收出一根高开低走，最终以最低价收盘的大阴线时，投资者千万不要急于买进。尤其是在收出阴线当天，股价是呈现出逐步震荡式的下跌，而且在下跌的过程中不断有大买单挂在盘面上。换言之，股价在当天的下跌过程中，出现了明显的护盘动作。在这种情况下，持有该股的投资者应先离场避开有可能出现的回落，或者以减仓的策略去应对它，等到后市回落企稳之后再考虑买回来，出现这种走势现象的后市股价十有八九都会走出一波回落的行情。

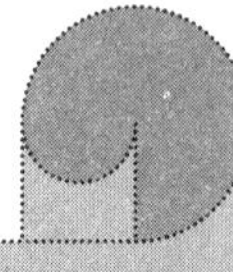

温馨提示：

对于这种形态，投资者需要着重关注两点。一是关注在此之前的一段时间里股价是否经历了一波幅度较大的触底反弹行情，倘若是的话，那就要当心出现这种十字线之后，股价会进入调整阶段运行。一般情况下，在这种敏感性的技术压力位置附近，一旦股价前期的反弹幅度较大，往往会引发短线获利盘的回吐。

二是要关注收出这种十字线当天盘中的抛压程度及其干涉性动作的出现。倘若在收出十字线当天，盘中不断有主动性的抛压涌现，同时在买盘上也不断挂出大手笔的单子出来护盘，这种护盘动作其实就是一种干涉性的动作。在这种情况下，后市股价往往也会进入调整阶段运行。

场景三：停顿洗盘

当十字线出现在股价上涨中途时，一般不会改变股价原有的运行方式，只是标志着股价上涨途中的一个停顿而已，但也不排除股价会出现一定幅度的回落，在股价上涨中途出现的十字线多为庄家洗盘所为。

实例观察

下面先来观察一实例。

例如津劝业（600821）（见图 1-8）：该股当时在上涨的过程中就收出了十字线的走势形态，随后股价的运行方向并没有受到影响，依旧向上继续拓展行情。

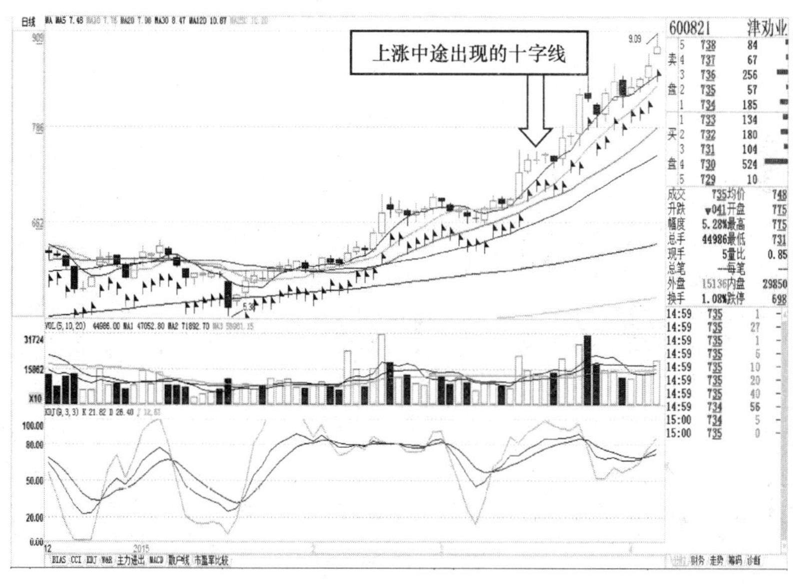

图 1-8　津劝业

该股在形成这种十字线之前的几天里，股价其实也出现了停顿滞涨的动作，但在停顿滞涨的过程中成交量迅速萎缩，最关键的是在这个过程中股价一直都是在 5 日均线的支撑之下运行的。换言之，在该股当时的运行过程中，5 日均线和 10 日均线有着较为强劲的支撑，同时在形成十字线的过程中抛压是相对稀少的。在这种情况下，后市股价继续向上拓展行情也是合乎情理的。

一般情况下，倘若在形成十字线之前的走势里，股价没有出现加速上涨的动作，那么这种十字线往往不会改变股价原有的运行趋势，充其量也只会导致股价出现阶段性的回落整理。当然，在形成这种十字线当天出现较大抛压的除外。

如图 1-9 所示的申达股份（600626），该股进入上升通道运行时也收出了十字线的走势形态，虽然股价随后出现了洗盘回落的动作，但很快又再次进入原有的上升通道运行。

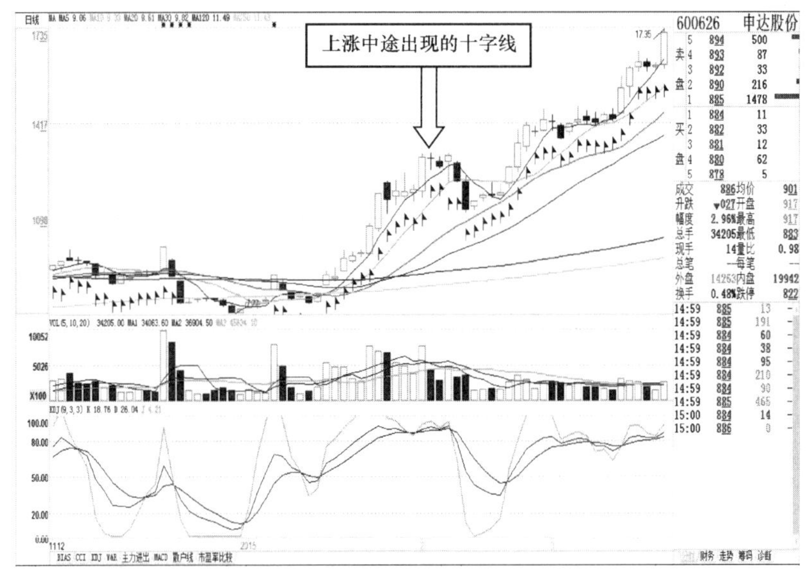

图 1-9 申达股份

仅从技术角度而言，当十字线形态出现在股价上涨中途或者下跌中途时，它的市场预测信号并不是很强。一般情况下，在没有前期因素的干涉下，股价仅因这根十字线的出现而改变原有运行趋势的可能性并不大。

接下来看看，当实战过程中遇到这种走势类型的个股时，在分析判断的过程中有哪些要点是值得注意的。

场景解读

对于在上涨途中形成的十字线，在分析过程中我总结了以下一些场景要点，在此仅供大家参考。

要点一：关注有无加速动作

要仔细观察出现十字线之前股价的走势情况，倘若在此之前股价出现了一波加速拉升的动作，并且上涨幅度比较大，那么在收出十字线之后股价出现回落的可能性比较大。在加速拉升过程中，会积累较多的短期获利筹码，一旦在接下来的几天里股价无法继续上冲，是很容易导致这部分获利筹码回吐的。在这种情况下，往往就会引发股价进入调整阶段。

要点二：关注当天波动幅度

密切关注出现十字线当天盘面的动态，如果当天股价波动的幅度比较大，并且当天的成交量出现明显放大，同时盘中所释放的成交量中大部分都是由于股价回落过程中所产出的，并且是由主动性卖单而释放出来的，在这种情况下，形成十字线的形态后往往会促使股价进入回调的阶段运行，毕竟在形成十字线当天，盘中的抛压是比较沉重的。

反之，倘若当天的成交量中绝大部分都是在股价上冲的过程中所释放出来的，而在股价回落形成上影线的过程中，以及在股价下挫形成下影线的过程中，盘中很少有主动性卖单涌现的话，那么在接下来的走势中一般都不会立刻进入调整阶段，股价继续向上拓展行情的可能性较大。

要点三：关注 10 日均线的支撑

倘若在收出十字线之后股价出现了回落，投资者就要关注 10 日均线的支撑力度，如果股价回落到 10 日均线附近时没有得到支撑的话，那么后市股价很有可能引发一波下跌行情。当然，如果股价回落到 10 日均线附近，由于盘中出现了大量的向下对倒单，导致股价出现急速下挫并击穿 10 日均线的个股除外。这种下挫并不是市场的真正行为，而是被主力故意打压下去的。只要在下挫过程中没有引发恐慌性抛压，那么后市股价依旧不会改变向上运行的大方向。

操作技巧

持币者

（1）突破高点再入场

对于新手而言，在出现十字线的当天，投资者最好不要盲目买进。首先要通过盘面的走势迹象，确定这种形态是主力资金洗盘所导致的。其次，确定是主力资金洗盘之后，还要进一步确认当时盘面的主动性抛压并不是很沉重，然后方能考虑入场参与操作的问题。

（2）试探性入场参与

倘若出现十字线当天在股价下探的时候买盘相当积极，并且下探到一定程度之后，盘中在买一或者买二处出现大手笔的买单封住股价的下跌空间。随后股价逐步回升，在回升的过程中卖盘上很少有大手笔的卖单出现，原来挂在上面的大卖单也不知不觉地被撤掉了。出现这种现象时，投资者就可以考虑试探性地入场买进了，但不能重仓操作，并且前提是当时的股价并没有出现大幅度的上涨，只是刚刚脱离底部进入上升通道运行。

（3）破 5 日均线不轻易动

如果在收出十字线当天股价是以低于前一天的收盘价开盘的，并且开盘时就跌破了 5 日均线的支撑，那么对于持币者而言，在出现十字线的当天不要去碰它，应该等待后市股价走势明朗之后再买进。以这种现状形成的十字线，股价在接下来的走势里往往会先进入整理阶段运行，如果投资者急于在当天入场去参与的话，那是很容易陷进去的。

（4）重新走强可入场

倘若在收出十字线当天收盘收在 5 日均线之上，而且成交量呈现萎缩状态，同时在此之前，股价也经历了一段时间的休整动作，那么一旦第二天股价能够走强并且收出一根大阳线，收盘时是以最高价收盘，同时收盘价格高于前一天十字线的最高点的话，对于持币者而言就可以在收盘瞬间适当地挂单买进，或者在第三天开盘后股价能继续走强时入场参与操作。

在这种情况下操作的前提是，股价在此之前没有出现加速拉升的动作，倘若出现加速拉升的话，那么对于新手而言也尽量不要急于去参与，这种类型的个股虽然随后还有可能继续拉升，但往往会在收出十字线之后稍作拉高，然后进入整理阶段运行。

持股者

（1）在淡定中思抛压

对于持有这种类型个股的投资者而言，碰到收出这种十字线时，一是要关注当天的主动性抛压是否沉重，二是要关注该股是否经历了较多幅度的上涨，以及在此之前股价是否经历了休整的动作。

倘若在收出这种十字线当天，盘中的主动性抛压较为稀少，同时该股又没有被大幅度拉升，尤其之前也经历了一个主动性休整的动作，那么在这种情况下，是应该继续持有的。

（2）关键时刻要懂得减仓

倘若在形成这种十字线之前，股价经历了一波快速的拉升，同时在形成这种十字线当天，盘面上的主动性抛压也较为沉重。在这种情况之下，后市股价往往会进入调整阶段运行。经历了前面的快速拉升，势必会积累一定程度的短线获利筹码。另外，在收出十字线当天的抛压沉重的情况下，仅从技术角度而言，后市也有调整的需要。而这种调整往往会给股价带来一定幅度的回落，并且在此之前股价经历了一波快速拉升的动作。

对于持有这种类型个股的投资而言，尤其对仓位较大的投资者来说，这个时候是要舍得减仓的，最好是先清仓出来回避可能出现的调整。待其回落调整之后，在有大压单的前提下出现明显的企稳时，再考虑入场买回来。

温馨提示：

对于在这种场景之下出现的十字线，我们是需要有耐性的，一般情况下，在这种场景之下收出十字线后往往会有一段时间的滞涨走势。很多持股者往往忍受不住这份“寂寞”，在急躁中抛售了筹码，而无缘后面的拉升行情。当然，前提是要通过盘面上的迹象确定是主力洗盘所导致的，同时盘中的浮动筹码也并不是很沉重。

场景四：行情见顶

股价在进入高位区域运行时，也经常会出现这种十字线的走势现象，而且在出现这种走势现象当天的成交也往往呈现放大的状态，有的还会在此之前的一段时间里走出一波加速拉升的行情。在这种情况下出现的十字线形态，投资者需要引起注意，这往往预示着这波上涨行情的结束，后市股价往往会迎来一波反转下跌的行情。

实例观察

例如云南城投（600239）（见图 1-10）：该股在当时进入高位区域运行时，就形成了这种十字线的形态。这里有必要强调的是，在实战过程中碰见收盘价与开盘价相差很小的时候，比如一两分钱时，这种形态也属于十字线范畴。

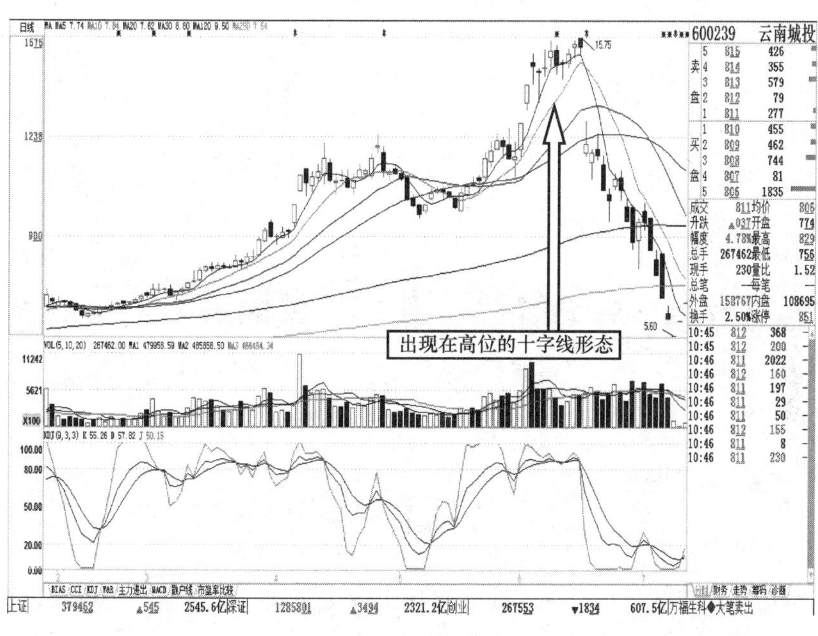

图 1-10　云南城投

当十字线形态出现在股价经历了长期的大幅度上涨之后的高位区域时，或者在经历了快速的拉升进入阶段性高位区域时，它的市场预测功能是比较强的，一般情况下预示着后市股价即将进入下跌通道运行，或者进入休整阶段运行。

就该股而言，在出现这种十字线之后其实给了投资者很多预警的机会，只不过很多投资者会因为舍不得而“恋战”，最终导致被深套其中。该股在形成这种十字线之后，股价明显出现了滞涨的动作，即在继续向上拓展空间的过程中已经显得很艰难了，这种动作其实就是一个预警的信号。

下面再来观察一个实例。

例如杭萧钢构（600477）（见图 1-11）：该股在进入高位区域运行时也出现了这种十字线的走势，与上一实例不同的是，该股的十字线是在二次反弹走强时形成的，这种动作更容易让投资者陷进去。

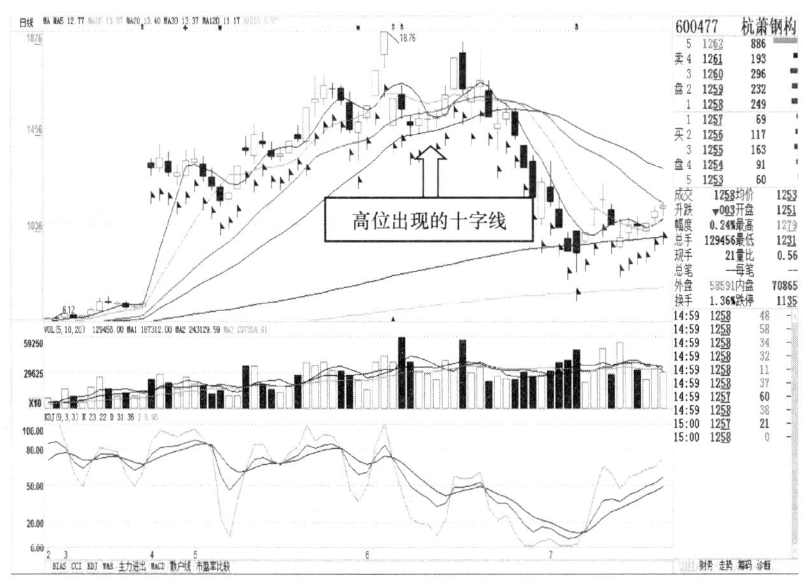

图 1-11 杭萧钢构

有些进入高位区域运行的个股会直接形成十字线，而有些则会在高位经历回落之后，在强势反弹中形成十字线，这种十字线会很容易让投资者忽视它的存在，尤其对于新手而言，这个时候往往会沉醉于这种强势的反弹之中，认为后市股价还会启动新一轮的上涨行情。

其实这是一个二次筑顶的动作，这种在高位出现的强势反弹，一旦出现滞涨的动作，投资者就要格外谨慎，此时出现的十字线是不能轻易去碰它的，而且此时的反转信号是比较强烈的，没必要在这个节点上去冒险。

下面来看看在高位出现十字线形态时，场景中有哪些要点是值得我们去深入分析思考的。

场景解读

对于在高位出现的十字线形态，在分析过程中我总结了以下一些分析要点，在此仅供大家参考。

要点一：加速赶顶

在高位出现这种十字线走势的个股，在出现这种形态之前往往会有一个加速拉升的动作，有的甚至会出现连续涨停的现象。正因为这种加速拉升的出现，才会激起场外资金继续参与的热潮，促使很多投资者盲目地去追高。在这种拉升的刺激之下，会导致很多投资者忘记了股价处于高位的风险，尤其是新手更会如此。

在加速拉升的过程中，盘面上会频繁出现向上对倒的动作，换言之，股价的加速拉升基本上都是被盘中出现的向上对倒单拉升上去的。在加速拉升的过程中，股价在分时走势图上会时常呈现出直线式的上冲，但上冲当天股价一般不会出现大幅度的回落，而是维持着小幅度震荡的格局。在震荡过程中，盘中会不断有持续性的主动性卖单涌现，同时在买盘上会挂出大手笔的单子封住股价向下波动的空间，而在卖盘上一般不会出现大手笔的单子。

倘若在形成这种十字线之前，盘面上有以上这些迹象出现的话，那基本上可以确定主力庄家在出货，后市股价往往会走出一波下跌的行情，甚至是快速下跌的行情。

要点二：滞涨明显

有些个股在进入高位区域运行时，不一定都会出现加速拉升的动作，有一部分反而会出现滞涨的动作，这种动作有些时候是出现在形成十字线形态之前，而有些则是出现在形成十字线形态之后。无论出现在哪个阶段，投资者都需要谨慎对待，这往往也是一个看跌的信号。

尤其在滞涨的过程中，成交量出现了明显的放大，而且是由于盘中出现了持续性的主动性卖单而释放出来的量。特别是在滞涨过程中，买盘上会不断挂出大手笔的单子来掩饰抛压，在这种情况下投资者也要高度谨慎，这往往说明主力在隐蔽式出货。

要点三：二次筑顶

就如上面谈及的实例一样，股价在一次见顶回落之后，往往还会出现一个快速性的反弹，由于是快速性的而且反弹的幅度也比较大，势必会充分地调动场外投资者的做多热情。但这种反弹一般不会超过前面的高点，即便突破高点也是试探性突破而已。倘若在快速反弹之后的二次筑顶过程中出现了十字线的形态，这个时候投资者就要十分谨慎了，切勿过度贪婪，此时的风险是要远远大于收益的。

操作技巧

持币者：安静做看客

对于持币者而言，碰到在高位区域收出十字线的形态时，尤其是在高位区域经历了一轮快速拉升行情的，不要轻易去碰它，这种情况下最好让自己安静下来做个看客。倘若冲动地入场参与操作，一旦股价见顶出现调头向下，则往往会引发一波快速的下跌行情。换言之，一旦入场被套的话，那么往往就是深套，对于实战经验不是很丰富的投资者而言，没必要去冒这种风险。

特别是在高位收出十字线当天，盘中不断有大手笔的单子挂在买盘处，这种情况尤其要谨慎，挂出来的大单其实是故意在那里护盘的，而不是真正意义上的想买进。换言之，这往往是主力庄家的一个诱多动作。对于这种类型的个股，持币者不要盲目入场买进。

持股者

（1）不创新高，减仓应对

如果在出现十字线之前股价就明显呈现上涨无力，并且在高位成交量出现明显的放大，那么如果在出现十字线当天没有创下本轮上涨行情的新高，对于持股者而言，稳健型的投资者就应该卖出，激进型的投资者也应该对其进行减仓操作。

这种走势类型的个股，虽然在接下来的运行过程中还有向上冲击的可能，但倘若当时的股价已经被大幅度炒高了，那么这种冲击即便会出现也是比较难把握的，尤其对于新手而言就更没必要去博这期间的利益了。

（2）回落放量，清仓走人

如果在出现十字线当天，股价冲高时遇到阻力回落的过程中成交量迅速放大，而且成交量的放大主要是由于盘中出现了大量的主动性卖单而释放出来的，对于持股者而言，此时就要赶紧清仓出局，后市出现快速下跌的可能性相当大。

（3）谨慎持有，遇阻清仓

如果在出现十字线的第二天股价继续走强，投资者可以继续持股，但一定要密切观察盘面的动态。一旦股价在继续走强的过程中受到阻力而回落，特别是在冲击十字线最高点时或者在创出本轮上涨行情的新高之后遇到了沉重的抛压，就要在第一时间卖出，这样才能卖个好价钱。这一点希望读者朋友谨记，大部分投资者就是因为心态的原因而把握不好这一点，最终导致被套其中。

（4）大阴涌现，不存幻想

如果在出现十字线的第二天股价走弱，并且收出一根下跌的阴线，特别是在放量的情况下，那么对于持股者而言在当天就应该立刻清仓出局。另外，出现这种十字线之后无论股价如何运行，一旦股价跌破10日均线的支撑，就要果断地考虑出局，在这种情况下，后市往往会引发一轮下跌行情。

温馨提示：

在这种场景之下形成的十字线，很多投资者往往因为贪婪，或者经受不住诱惑，最终导致被深套其中。

有些时候或许已经感触到了是主力资金在出货，但总是想卖到最高点，在这种心态的促使之下，导致自己在该出局的时候没有及时了结。在这个市场中参与，不要刻意地去追求每次的操作都能卖到最高价，这是不太现实的，也是不理性的。

新手导语

对于新手而言，尤其要重视股价经历了长期下跌之后的低位区域，以及股价经历了长期上涨之后的高位区域时所形成的十字线。在这两个特殊位置出现的十字线，都有可能促使股价出现反转的行情。

低位区域收出十字线后，其关键是要关注目标个股是否有主力资金入驻，发现有主力资金入驻后，要善于等待，等待股价筑底成功之后进入明显的回升行情中再去考虑入场参与。对于低位出现的十字线，即便是主力资金在筑底过程中促使形成的，反转行情也往往不会立刻呈现在我们面前。在低位形成十字线后，出现反复探底也是很正常的。对于新手来说，一定要意识到这种 K 线形态有止跌企稳的功能，但并不等同于有立即企稳的“功效”。换言之，在入场操作上是不能心急的，尤其是在形成十字线当天更要懂得等待，先做好看客。

而在高位出现十字线后，对于新手而言，倘若持币在场外观望，最好不要入场凑热闹，随后再出现这种十字线后，股价也有可能走出一波冲高的动作，但越是凶猛的冲高，对于新手来说就越难以把握其中的节奏。而且这种类型的个股，一旦向下反转下跌的话，则往往是暴跌型的。

对于新手来说，在碰到收出十字线的形态时，一是容易冲动地急于入场买进，尤其是在低位区域出现时，这种冲动就会更加明显。

二是容易在入场操作过程中“一口闷”，即满仓杀进，这种操作对于新手来说，无论是在出现何种看涨形态时都是不理性的。不仅是新手，就是有着一定经验的投资者往往也会犯这种错误，其主要原因还是“野心”太大，在入场的时候只惦记着能赚多少，而不去思考自身的风险承受能力有多大。

三是过于“恋战”，在贪婪中不断失去自身应有的“信仰”。尤其是股价在高位出现一波加速拉升之后，形成十字线时，这种“恋战”会表现得更加突出。这个时候往往会彻底忽视这种形态的存在，忽视有可能出现的风险。而在股价出现明显的下跌之后，由于自身已经被套，这个时候又会出现自我安慰的心理，不断幻想后市股价还会反弹，从而使自己越套越深。

作为新手，要想杜绝以上谈到的种种不理性的错误，首先，要从自身的意识方面去修炼自己，在参与到这个市场之前，就要充分地意识到这个市场是风险和收益共存的。在操作过程中仅凭借运气或许只能赢得少数的几次，而要想长期生存下去，就必须有风险控制的意识。

其次，要在理性的实战过程中不断总结，不断复盘。在这个市场中，要想让自己成熟起来，不是短时间能造就出来的，影响这个市场走向的因素既复杂又多变。想要将自己打造成具备一定水准的“玩家”，就必须“沉下心”来，不断去积累实战经验。从错误中警醒自己，从成就中提炼自己。

第二章　隐藏主力意图的上吊线

上吊线是一种常见的形态，严格地说，它是由带下影线的阳线或者是带下影线的阴线衍生而来的，无论是在股价处于上升通道，还是在股价处于下跌通道运行，都会有这种走势形态的身影。当然，在行情的转折点，如低位反转或者高位反转时，也是时常会出现这种走势形态的。换言之，在研究K线的过程中，上吊线的形态是必须熟悉并掌握的，在某些特定的阶段，这种形态具有较强的市场预测功能。

上吊线有阴阳之分，也就是说有上吊阴线和上吊阳线。股价开盘后就开始一路走低，并且在运行过程中出现大幅度的下挫，但在下挫之后又被大幅度地拉起来。截至收盘时收出一根长长的下影线，当天的开盘价就是当天的最高价，而收盘价低于开盘价。这种走势形态我们称之为上吊阴线，如图 2-1 和图 2-2 所示。

股价开盘之后出现了大幅度下挫，但经过下挫后又被买盘大幅度地拉起，并且一路反弹突破开盘价，截至收盘时收在开盘价以上而且是以当天的最高价收盘的，从而收出了一根带有长长下影线的阳线，这种走势形态我们称之为上吊阳线，如图 2-3 和图 2-4 所示。

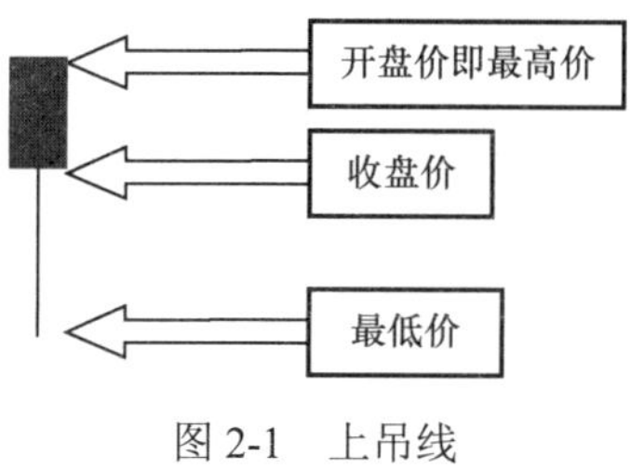

图 2-1　上吊线

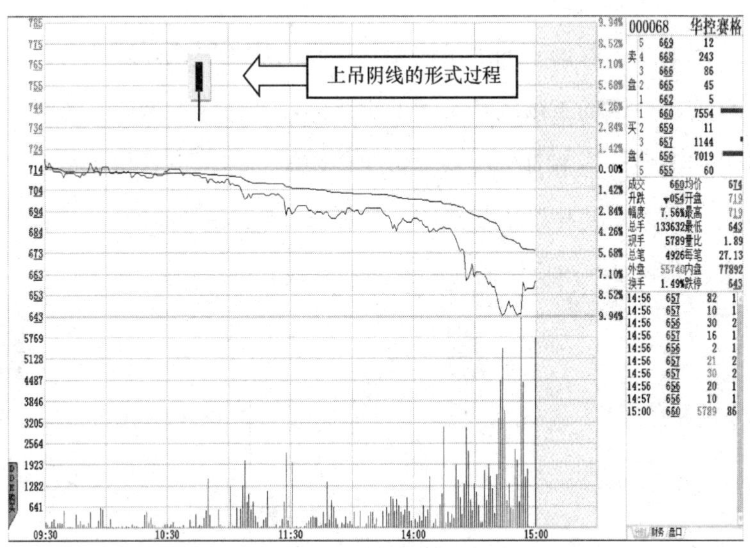

图 2-2　华控赛格

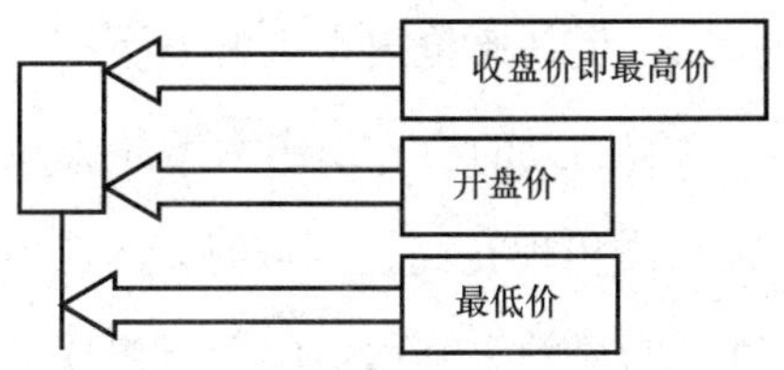

图 2-3　上吊阳线

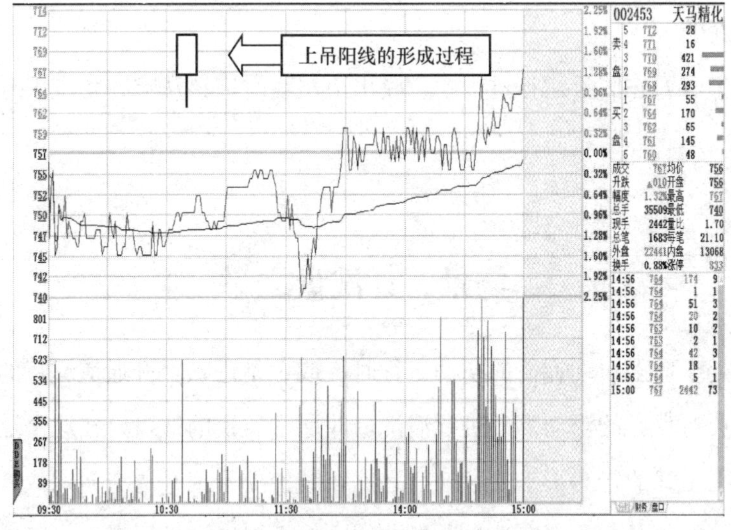

图 2-4　天马精化

值得注意的是，收出来的上吊线无论是阳线还是阴线，所代表的市场意义基本上是一样的。标准的上吊线是不带上影线的，并且收出来的下影线的长度至少是实体部分的两倍。当然有些时候下影线稍微短一些，或者稍微带点上影线，我们也称之为上吊线，是标准上吊线的变异形态，它在某些时候也具有标准上吊线的市场意义，如图 2-5 中所示的几种变异上吊线。

图 2-5　变异上吊线

从某种角度而言，上吊线也是买卖双方在当天运行过程中争夺较为激烈的一个表现，先是卖方强力打压，促使股价出现大幅度下挫，而后是买方强劲反击将股价拉起。下影线越长，说明当天的买方反击力度越大。

一般情况下，这种 K 形态出现在高位区域时，才会有较强的市场意义，而在股价上涨初期，或者在进入明显的上升通道中期时出现的话，往往是不具备行情反转的信号的。当然，有些时候也是需要结合当时盘面运行的细节动态去加以综合分析判断的。

下面来看看在股价运行过程中，收出上吊线时应该从哪些角度去分析它的市场意义。

场景一：洗盘之举

股价处于向上启动行情的初期运行时，或者是进入上升通道运行的过程中，主力往往会对盘中的浮动筹码进行清洗，即通常所说的洗盘，在这个过程中是最容易形成上吊线的走势形态的。换言之，在股价处于上升通道初期或者中期出现的上吊线，往往是主力资金洗盘所导致的。至于出现这种形态后，股价是否会出现一段时间的调整，那就要根据当时盘中浮动筹码的程度而定了。倘若盘中的浮动筹码比较集中，那么主力就很有可能会继续打压股价，以此来清洗盘中的浮动筹码。

下面先来看看实例，通过对实例的观察后，再来进一步讲解如何在实战过程中去分析判断这种状态下的上吊线。

实例观察

例如创兴资源（600193）（见图 2-6）：该股在启动初期以及进入上升通道运行时都出现了这种上吊线的形态。

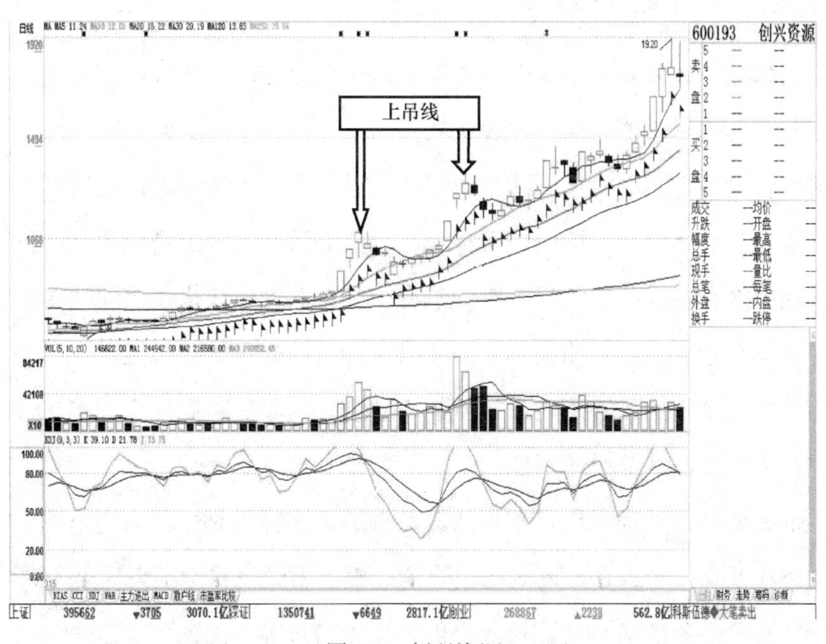

图 2-6　创兴资源

从该股当时的走势上可以看到，出现这种 K 形态后，股价稍作休整之后继续向上拓展行情，并没有改变股价原有的运行方向。

该股出现的这种上吊线就是主力在启动行情过程中的一种洗盘动作，经验不是很丰富的短线投资者很容易被盘中出现的这种洗盘动作清理出局。仔细观察当时的盘面走势，不难发现在出现上吊线的前一天里，股价都出现了大幅度的拉升，正因为这种大幅度的拉升，才促使短线投资者看到股价在第二天的运行过程中出现下挫动作时而选择出局。碰见这种走势类型的个股时，在分析过程中不能仅盯着表面，更要深入到盘面的走势细节中去思考，那接下来我们就来聊聊如何从盘面的走势迹象上去分析这种类型的个股。

场景解读

要点一：压制动作很重要

当股价处于重启初期，或者进入明显的上升通道中期运行时，出现这种上吊线的走势形态的话，要重点关注股价在当天下挫过程中的盘面动态，即在收出这根下影线过程中的盘面动态。这里所说的明显的上升通道，是指股价已经突破了半年线以及年线的阻力，即上档不再受到均线的压制。倘若是用主力洗盘形成的上吊线，那么在当天股价出现下跌的过程中，尤其当出现快速下挫的动作时，卖盘上往往都会挂出大手笔的卖单，而买盘上挂出的都是一些相对较小的单子。有的主力往往还会采用频繁的向下对倒的手法来打压股价，促使股价在当天的某段时间里持续下跌，甚至快速下挫。

上面谈到的这些动态细节都是比较关键的，这种压制性动作的出现预示着盘中有主力在活动，换言之，此时收出来的这根上吊线说明是主力洗盘所致。

对于这些迹象的理解是比较容易的，正因为是主力洗盘，主力才会使用一些手段来促使盘面出现“紧张”的局面，从而导致短线投资者看空行情，这样才能达到清洗盘中的短线获利筹码的目的。而频繁地出现压制大单的动作或者向下对待的动作，就是制造“紧张”局面的一种手段而已。

要点二：关注量的变化

对于这种类型的个股，在形成上吊线的过程中成交量的变化也是很关键的，从成交量的变化上我们可以觉察到盘中浮动筹码的程度，从而进一步确定主力洗盘的深度。

在形成上吊线当天，成交量能呈现出萎缩的状态是最好不过的了。尤其是在当天股价下挫的过程中，倘若成交量能呈现出萎缩的状态，那么至少预示着盘中的浮动筹码是有限的。否则，在股价下挫的过程中势必会引发大量的主动性抛压现象，从而促使成交量出现明显的放大。当然，在股价当天下挫之后的回升过程中，成交量出现放大反而是好事，这预示着场外资金注入较为积极。换言之，倘若在形成上吊线当天，盘中出现了大量的主动性抛压现象，从而促使成交量出现明显的放大，在这种情况下，主力往往会对盘面继续进行清理，后市股价一般都会进入调整阶段运行。

反之，倘若这个过程中的主动性抛压非常稀少，即成交量呈现出明显的萎缩，那就预示着主力很有可能会继续向上拉升股价。

有一种特殊情况是需要注意的，那就是由于对倒而促使成交量出现明显的放大，这种放量是需要区分对待的。尤其是在股价下挫过程中出现了大量的向下对倒单打压股价，这种放量并不可怕，只要打压过程中主动性抛压不是很沉重就不碍事。

对于新手而言，对成交量的变化往往不会那么在意，或者只是关注其表面的萎缩与放大的变化，而很少会深入到其释放方式上去研究它。就如上面所谈及的对倒时所释放出来的一样，在很多时候，不同的释放方式，就会有不同的市场意义。

在股市的研究中，哪怕是忽视了一个小小的细节，就会给自身的操作带来预想不到的损失。

对于新手而言，这些都是需要慢慢去经历的，其实能否让自己在这个市场中长期生存下去，关键取决于自己能否在不断的实战经历中总结，从经历的沉淀中反思自己，并逐步形成一套属于自身的“打法”。

要点三：快速拉升后须注意

很多个股是在出现了一波快速拉升的动作之后，甚至是连续封涨停的动作后出现上吊线的，这种状态下就需要注意了，此时的上吊线往往预示着股价会进入整理阶段运行，甚至会引发一波下跌调整的行情。如图 2-7 所示的华银电力（600744），该股当时就是在连续封涨停之后出现了这种上吊线的走势形态。

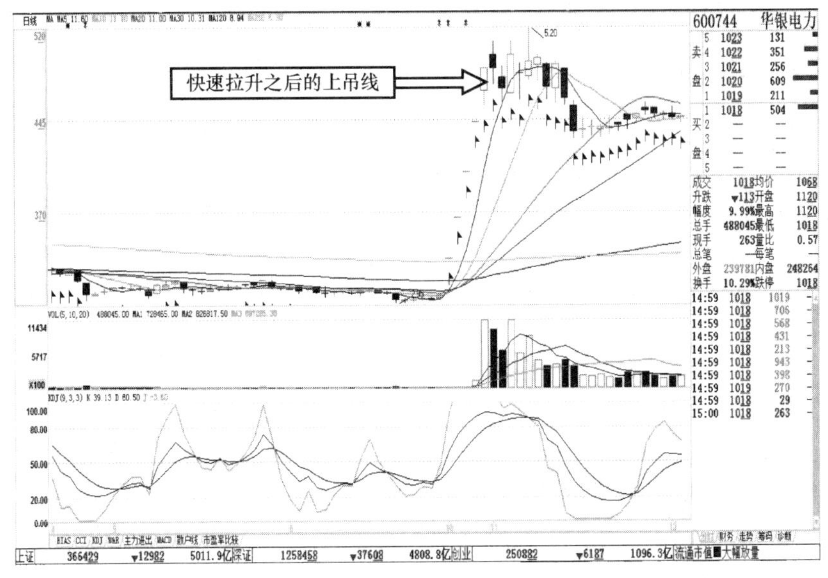

图 2-7　华银电力（Ⅰ）

对于这种“一口气”拉升股价促使其上涨幅度达到 40%以上的个股，在出现上吊线时是需要谨慎对待的，这往往预示着股价会进入整理阶段运行，甚至会引发一轮下跌调整的行情。

这种情况下的拉升，一般都会积累较多的短期获利筹码，这部分筹码是非常不稳定的，尤其当大势处于震荡趋势运行时，或者处于不明朗的状态下运行时，一旦目标个股出现滞涨不前的现象，这部分短期获利筹码就会获利了结，这种获利回吐会给股价继续上涨带来较大的压力。

从图 2-8 中可以看到，该股在出现上吊线之后，股价很快就出现了滞涨的动作，随之而来的就是导致股价进入长时间的震荡整理阶段。

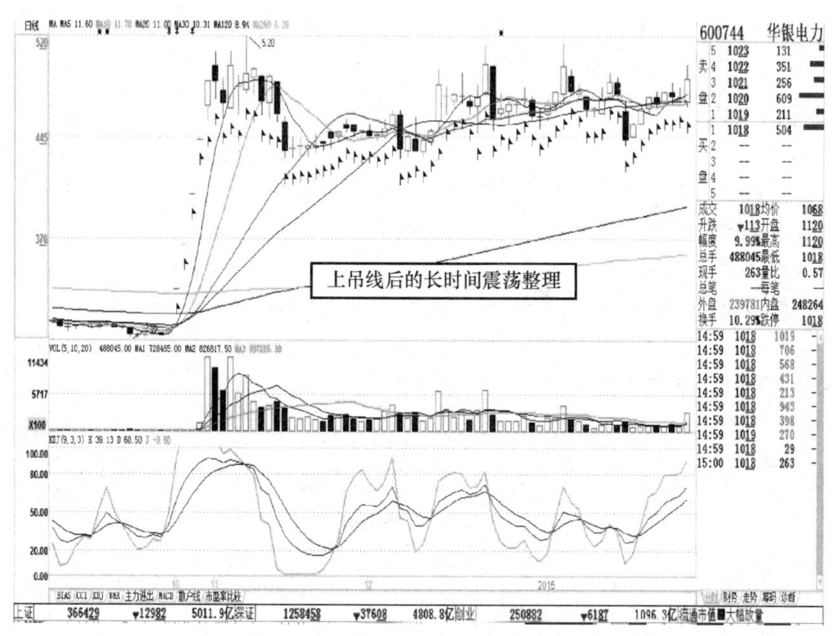

图 2-8　华银电力（Ⅱ）

面对这种类型的个股时，对于新手而言尽量多看少动，重点关注出现这种上吊线后，股价是否会出现滞涨现象，一旦有这种现象出现，那么后市股价出现调整就是大概率事件。

要点四：充分蓄势

有些个股在启动初期出现这种上吊线之前，往往会经历长时间的横盘蓄势，这种蓄势就为后市股价向上拓展空间提供了充足的能量。在这种状态下出现上吊线，往往是入场参与的好机会。

如图 2-9 所示的新能泰山（000720），该股在启动行情之前就出现了长时间的横盘整理，这种整理其实就是一种蓄势的动作。在启动上涨行情的第二天就收出了一根上吊线，紧跟着就走出了一波快速拉升的行情。

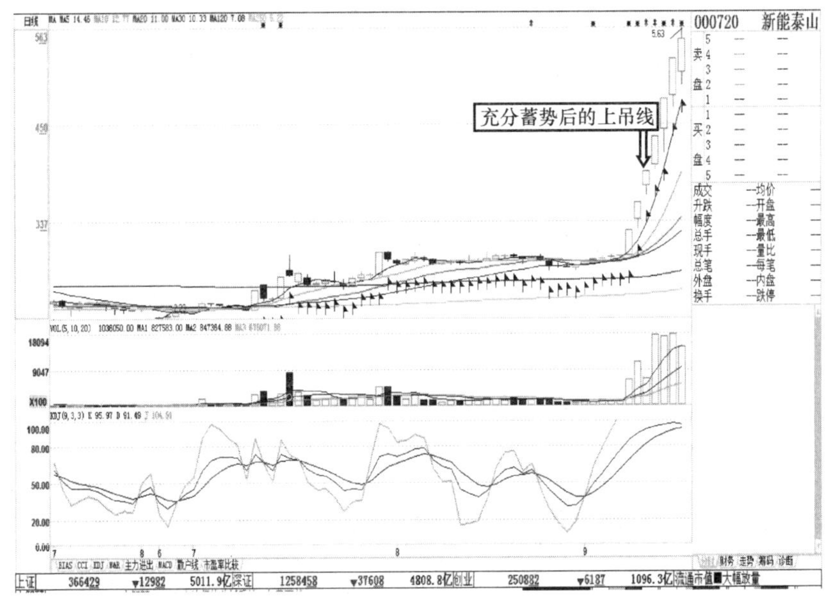

图 2-9 新能泰山

在启动之前就已充分蓄势的个股，倘若在刚启动时就收出了上吊线的话，那么投资者就要重点关注，尤其是收出上吊线当天的下挫过程中，股价呈现出直线式的下挫。在这种情况下，一般都是主力在故意打压洗盘所致，而且洗盘往往都是短暂的。换言之，在这种状态下收出来的上吊线具有极强的看涨信号。

但在实战过程中，投资者也要注意股价整理过程中的盘面细节动态，不是所有经历了横盘整理的个股，在启动突破横盘平台时出现上吊线都会立刻迎来继续上涨的行情。

要重点关注股价在横盘过程中是否有干涉性的动作出现，尤其是在经历了一段时间的横盘之后，这种干涉性的动作是很重要的。

倘若股价在横盘过程中，卖盘上不断有大手笔的卖单挂出，而买盘上挂出来的都是一些相对较小的单子，但股价依旧能维持窄幅度的横盘整理，在这种情况下启动行情时出现上吊线的话，往往就是一种看涨的信号。

理解起来也是很容易的，卖盘上出现的这些大卖单其实并不是真正的抛售，而是主力自己故意挂在上面的，用来干涉散户的思维方向。一般的散户看到这种挂单后，往往会往抛压沉重这个角度去思考，从而离场出局。

理解这一点之后，那么接下来的内容就更好理解了。既然在挂出大卖单的状态下，股价依旧能维持窄幅度的震荡，那么很显然，盘中的浮动筹码，即持股信心不坚定的筹码是很稀少的，否则盘面上会涌现出大量的主动性抛压，从而导致股价跌破这个窄幅度的横盘平台。在这种情况下，一旦主力启动上升行情使股价脱离原有的横盘整理平台，至少在启动初期是不会继续深度洗盘的。而此时出现的上吊线只是对当天盘面的一种洗盘动作而已，在接下来的运行中，股价继续向上拓展空间，甚至是出现快速拉升的动作则是大概率事件。

反之，倘若在横盘过程中，盘面上没有这种故意干涉性动作的出现，横盘之后的启动行情使股价收出一根上涨的大阳线，那么这根大阳线往往是一种试探性的动作。换言之，一旦启动过程中的抛压盘比较沉重，那么在出现上吊线后，股价往往会继续洗盘。

同样是横盘蓄势状态下出现的上吊线，在盘面细节动态不一样的情况下，出现上吊线后的阶段性走势往往也是不一样的。

这其实就折射出一个分析判断的理念，很多投资者在分析目标股的走势时，往往只是流于表面形态的分析，很少有投资者会静下心去深入到盘面细节中挖掘主力的动机。就如上面谈及的这些细节一样，有些时候前面的横盘蓄势并不是很充分，倘若投资者没有深入盘面的细节去挖掘这一信息的话，一旦过早入场买进，碰到主力继续洗盘，那就很容易被套在其中，再加之一般投资者的心态往往是非常不稳定的，在短期内如果没见到股价的上涨，就会直接抛售出局，投资者的钱往往就是这样赔的。

对于新手而言，既然选择入市参与到这场“游戏”中来，首先就要有一种意识，这种意识不是靠简单地买几本书、听几次技术培训就一定能在这场“游戏”中长期生存下去的，倘若炒股如此简单的话，那谁都会到股市里“取款”了。

这种意识是建立在用心去透过表面的走势形态，深入到动态盘或者静态盘中所流露出的细节变化中去，用变通的思维不断从实践中总结经验，寻找出属于这个市场中的大概率事件，并不断地积累实战经验。这才是一个投资者应有的意识，而且是不可或缺的意识。当然，对于性格本身就比较浮躁的投资者而言，是难以做到这一点的，但这个市场本身是带有残忍的成分的，倘若无法静下心去做研究的话，那最好的选择就是离开这个市场。或许这些话，对于新手来说是难以接受的，但随着不断地在这个市场中摸爬滚打后，你慢慢会有这种体会的。

操作技巧

持币者

（1）试探性抢低价

对于在出现这种上吊线之前，股价已经经历了一段时间的充分蓄势，而且在蓄势的过程中不断有干涉性打压的动作出现，但股价依旧能维持窄幅度的震荡，在这种情况下出现上吊线时，投资者就可以先试探性地买入，但不能重仓操作。

倘若在收出上吊线当天的运行中，股价的下跌是迅速的，在分时走势图上呈现出直线式的下跌，同时卖盘上频繁挂出大手笔的大卖单，而买盘上出现的都是一些相对较小的单子，那么一旦股价迅速下跌后出现止跌，并且原本挂出来的大卖单被撤掉，这个时候投资者就可以入场适当买入了。但对于新手来说，在当天入场买进时尽量低仓位进行操作，仓位最好不要超过三成，待其前面入场的仓位盈利之后再逐步加仓，以此来降低心理层面上的压力。

（2）抛压沉重，要善于观望

倘若在股价向上启动行情初期，或者在股价进入明显的上升通道中期时出现了上吊线，并且当天的主动性抛压较为沉重，从而导致成交量出现明显的放大，在这种情况下，对于新手来说是不能轻易入场买进的，在主动性抛压较为沉重的情况下，后市股价往往会出现回落调整的走势。有些时候这种调整往往会引发快速下挫的动作，一旦过早地入场参与，至少在心态上会受到影响，尤其对于新手来说。

这个时候，持币者要以观望为主，待其整理之后并出现了明显的企稳回升时，再去考虑入场参与操作。持有该股的投资者在这种情况下应该考虑减仓，或者先清仓以回避有可能出现的调整。而对于场外的投资者而言，此时应该以观望为主，等待股价回落整理后再次启动时，再考虑入场参与操作。

持股者：回避调整风险

如果出现上吊线当天股价是逐步震荡回落的，在回落的过程中成交量出现了明显的放大，但在股价反弹回升的过程中则呈现出快速反弹，并且在反弹的过程中是由大量的对倒盘把股价拉上去的，那么，就要引起高度的谨慎。

一旦后市股价上冲无力，同时成交量也出现放大，持有该股的投资者就应该先出来回避有可能的调整风险，或者减仓应对可能出现的调整，这个时候场外的投资者是不能急于买进的。

场景二：出货信号

股价经历大幅度上涨之后，进入高位区域运行时往往会出现上吊线的走势形态，在此位置形成的上吊线是需要高度谨慎的，这往往是主力出货的信号，后市股价往往会引发一波下跌行情，甚至是快速下跌的行情。

其实在股价进入高位区域运行时出现上吊线是较强的市场反转信号，而这个时候也是最容易被投资者忽视的，对于大部分投资者而言，此时的主要目光往往盯在一直以来的涨势上，很少有人会去关注盘面上出现的细节性的形态变化。

作为新手，当股价经历了大幅度的上涨进入高位区域运行时，要时刻注意风险的存在，最好不要去碰处于高位区域的目标个股，无论是从技术角度，还是从心态层面，这类个股都是比较难掌控的，一旦在高位被套，倘若不懂得及时止损，结果往往就是被深度套牢。

实例观察

例如华电国际（600726）（见图 2-10）：该股在进入高位区域运行时，就出现了上吊线的走势形态，随后便引发了一波快速下跌的行情。对于新手来说，一旦被这种类型的个股套住，损失将会是巨大的。

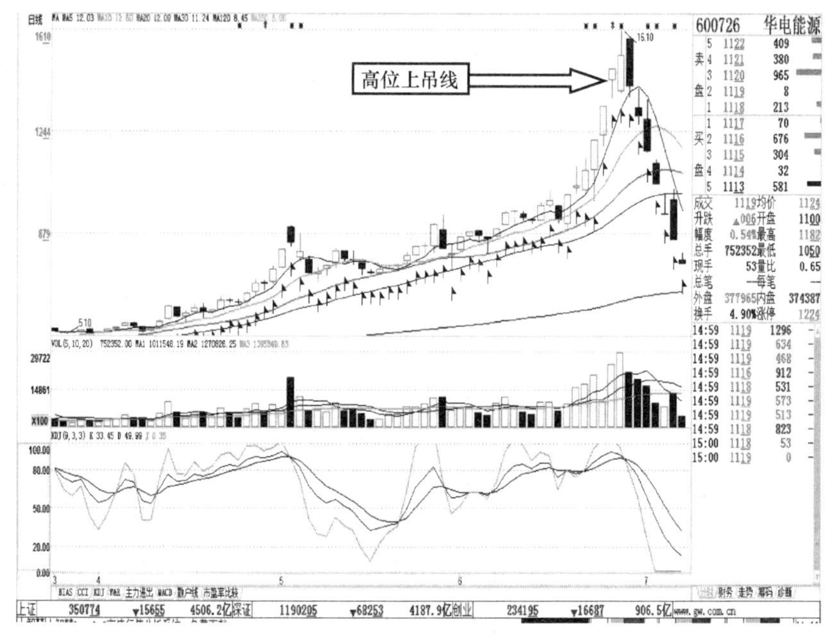

图 2-10　华电能源

下面来看看对于这种类型的个股，在实战过程中应该从哪些角度去分析判断。

场景解读

要点一：加速拉升

在高位出现这种上吊线之前，股价一般都会有一个加速拉升的动作，即我们通常所说的加速赶顶的动作。

这种动作是很吸引眼球的，尤其对于新手来说更是如此，盲目地在这个过程中追高是一般投资者的“天性”。当然，这种加速拉升不是绝对的不能去参与，而是在参与的过程中要时刻当心风险的存在，同时在仓位上也要严格控制。而对新手来说，最好少去参与这种类型的个股。

对于这种加速拉升，盘面上会频繁涌现向上对倒的动作，即股价基本上是被主力的对倒单拉上去的。在分时走势图上会呈现直线式的上冲，上冲之后股价在分时走势图上往往会进入窄幅度的格局中运行，同时在买盘上会挂出大手笔的单子。

问题的关键就在于此时挂出来的大买单以及冲高之后的窄幅度震荡上，这里的大买单其实是主力故意挂出来的，其真正的用意不是想买进，而是制造积极买盘的假象让散户去买进。在股价维持窄幅度震荡的过程中，主力就可以逐步地将自己的筹码转换给散户了，从而在加速拉升过程中慢慢地将筹码抛售出去。

要点二：放量明显

在出现上吊线当天，成交量一般都会呈现明显的放大，而且成交量大部分都是在当天的股价下挫过程中释放出来的。股价在当天下挫的过程中并不是直线下跌的形式，而是在分时走势图上呈现震荡下跌的形式，同时在震荡下跌的过程中，买盘上会频繁挂出大手笔的单子。所挂出来的这些大买单，要么就是当股价下跌到这个价位附近时被撤掉了，要么就是被对倒掉了。

这些迹象其实很明显是主力出货的特征，之所以是震荡式的下跌，就是想让散户认为这种下跌只是洗盘而已，再加之挂出了大手笔的买单，就更加让散户坚信这只是主力的洗盘而已。而在当天下挫之后的回升过程中，股价往往会在分时走势图上呈现直线式的拉升，这种拉升是被盘中出现的向上对倒单拉起来的。毫无疑问，这种拉升也是主力故意制造出来吸引散户眼球的。

只要能仔细观察当时的动态盘，这些迹象是很容易觉察到的，同时散户也是很容易识破主力的这种诱多出货手法的。

要点三：冲高回落或直接滞涨

在高位出现这种上吊线后，主力往往不会让股价立刻出现明显的下跌，在大部分情况下，主力会采用对倒的手法让股价继续向上冲高，但这种冲高往往在当天就会出现回落，从而在日 K 线走势图上出现带有长长上影线的形态，在这个过程中，成交量一般都会呈现放大的现象。

主力这样做的目的，是想让那些稍微谨慎的散户忽视前面收出来的这根上吊线的风险预警信号。对于一般的散户而言，看到收出的上吊线后虽然会有所谨慎，但一旦看到股价在接下来的走势里依旧较为强势的话，就很容易忽视风险的存在。当然，有些个股也会在出现这种上吊线后出现数天的滞涨动作，在滞涨的过程中不断有主动性的抛压涌现，同时在买盘上会持续出现大手笔的单子护盘，而在卖盘上挂出来的都是一些小单子。

主力采用这种挂单的手法来迷惑散户，让散户误以为滞涨的过程是正常的一次性整理，而且当看到买盘上挂出来的大单时就会感觉到买盘积极，却不曾想到这些单子其实都是主力自己故意挂上去的。高位出现上吊线的个股，从技术角度而言投资者把握起来其实并不难，最关键的是心态上难以控制，对于刚入市的投资者而言更是如此。当面对一些具有较强看跌信号的形态时，作为新手，应该把风险放在第一位，宁可看错也不可做错，只有保存了资金才能保存实力和信心。

下面来看看，在实战过程中遇到这种类型的个股时，在具体操作上应该如何去应对它。

操作技巧

持币者

（1）别轻易在风口上点灯

对于持币者而言，碰到这种类型的个股时，尤其是在股价经历了一波长期的并且是大幅度的上涨行情之后，股价在进入高位区域收出这种上吊线时，不要轻易地入场参与操作。倘若经验不是很丰富的话，这种操作无疑是在大风口处点灯，能“亮灯”的可能性是极小的。

特别是股价在高位区域经历了一波加速拉升之后，形成这种上吊线时，同时在形成上吊线当天盘面中不断有主动性的抛压涌现，促使成交量呈现明显的放大，那么在这种情况下，更是不能轻易入场操作。一旦被套住，解套或许就是一件难事了。

（2）在谨慎中操作

对于实战经验较为丰富，同时风险承受能力也较强的投资者而言，碰到这种类型的上吊线时，倘若当时的股价在高位区域没有经历加速拉升的走势，可以适当地轻仓入场操作。有些时候，这种类型的个股在收出上吊线之后，往往还会有一个诱多冲高的动作，在这个过程中也会出现一定的操作空间。但在操作过程中，投资者要时刻保持谨慎，一旦出现滞涨的走势就要尽早出局，哪怕操作失败被套，也要果断地认输出局，不宜过度恋战。

持股者

（1）抛压沉重，及时卖出

倘若在出现上吊线当天，股价在回落的过程中成交量迅速放大，并且释放出来的成交量不是由大手笔的对倒单导致的话，而是由于盘中出现了大量的主动性卖单而释放出来的，那么对于新手而言，在股价当天回升之后就应该立刻卖出。对于有一定经验的投资者来说可以在股价第二天冲高的过程中卖出，并清仓出局，一般情况下股价在第二天会有一个冲高的动作。

（2）创新高回落，果断卖出

倘若在出现上吊线之前的几天里，股价进入了一个加速拉升的过程，并且是缩量拉升的话，那么在出现上吊线之后一般会有一个继续冲高（创新高）的过程，在这种情况下，对于轻仓的投资者而言，股价创出新高后一旦掉头向下就立刻清仓出局。而对于重仓的投资者来说，在出现上吊线当天就应该采取减仓的操作。虽然这种类型的个股在出现上吊线后一般还会有一个冲高的动作，但也有例外出现。

（3）滞涨破位，迅速卖出离场

如果在出现以上走势现象之后，股价出现了一段时间的高位滞涨，这个时候投资者要高度谨慎。虽然在滞涨之后不排除会有一个诱多冲高的动作，但更多时候股价会在滞涨后直接向下破位走出下跌的行情，在这种情况下，一旦股价向下破位跌破滞涨的平台，新手就要立刻清仓出局。

（4）直接挂长阴，当天就离场

倘若在高位出现上吊线后的第二天，股价直接收出一根大阴线，那么在接下来的走势里，股价出现暴跌的可能性是极大的。在这种状态下，新手就应该在收出大阴线当天直接清仓离场，不要对后市抱有过多的幻想，这个时候风险是第一位的。

对于这种类型的个股，一旦被套，往往就是深度套牢。作为新手而言，是难以承受这种打击的在实战过程中，投资者要特别注意这种类型的个股，尤其在出现上吊线之前股价走出了一波加速拉升的个股，这种类型的个股的下跌是很可怕的。

温馨提示：

面对这种类型的上吊线时，其关键是要克服自身的情绪，尤其当在高位出现一波加速拉升的行情时，很多投资者都会难以克服自身的冲动情绪，会在诱惑之下盲目地入场杀进，有的甚至会重仓出击。

除了诱多之下的冲动情绪外，还有很多投资者会有强烈的恋战情绪，无论是在收出这种上吊线之前入场操作的，还是在收出这种上吊线之后入场操作的。当股价在随后的运行过程中出现明显的滞涨动作时，往往都不愿意离场，总是沉醉在前期的涨势中并迷恋和憧憬着后市的行情，最终导致自己被深深地套在里面。

新手导语

上吊线对于每一位入市的新手来说，都是应该去了解的，尤其是在高位区域出现的上吊线，以及在阶段性高位出现的上吊线，在这两个位置出现的上吊线是具备较强的市场反转信号功能的。

对于高位出现的上吊线，投资者尤其要注意有大阴线出现的情况，即在收出上吊线的第二天，倘若直接收出一根下跌的长阴线，那么这种组合的看空信号就是相当强的。作为新手，碰到这种类型的个股时最好远离之，此时风险要远远大于收益。

在高位出现的上吊线，股价并不一定立刻下跌，在很多时候，高位出现的上吊线是一个预警信号，即预示着股价即将见顶。对于新手而言，是需要有这种觉悟的，不要看到股价没有立刻下跌就忽视了这种形态的看空功能。一旦后市股价在运行过程中出现滞涨的动作，投资者就要引起高度的谨慎。

对于股价运行到重要技术压力位置附近，如半年线或者年线附近时出现上吊线也是投资者需要引起注意的。倘若在此之前股价没有经历任何的蓄势整理，那么一旦出现这种上吊线后股价出现了明显的滞涨动作，后市股价进入调整阶段就是大概率事件。

总而言之，新手在学习的过程中，要善于将上吊线形态和其他的看跌形态结合起来分析和思考，在形态学里面唯有善于结合，才能更加精准地去把握这个市场的动态。

第三章　在倒锤子线中寻找机会

从形态上来看，倒锤子线跟前面章节讲到的上吊线正好相反，上吊线带有长长的下影线，而倒锤子线带有长长的上影线，简单地说，倒锤子线就是把上吊线倒过来。

当这种形态出现在一些特殊性的位置时，也是具有较强的方向性预测信号功能的，也是新手必须掌握的一种 K 线形态。

股价在开盘之后就开始逐步向上攀升，并且在当天的运行过程中出现了大幅度的冲高，但是冲高之后很快出现了大幅度的回落，截至收盘时收出一根带有长长的上影线的 K 线形态。收盘价格要高于开盘价，这种形态称为“倒锤子线”。由于收盘价高于开盘价，所以又称“阳线倒锤子线”，如图 3-1 所示。

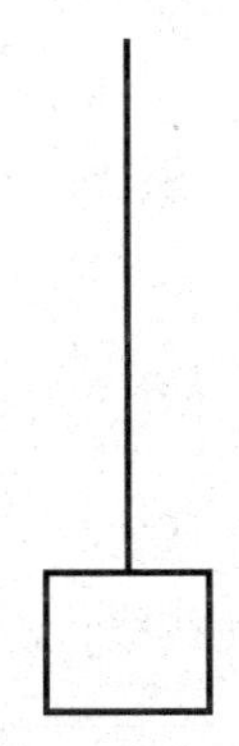

图 3-1　阳线倒锤子线

还有一种情况，就是开盘之后股价在当天的运行中出现了大幅度的冲高，但是冲高之后便出现了回落且截至收盘时跌破了开盘价，最终以当天的最低价格收盘。收出一根带长长上影线的 K 线形态，这种走势形态也称为“倒锤子线”。由于收盘价低于开盘价，所以又称“阴线倒锤子线”，如图 3-2 所示。

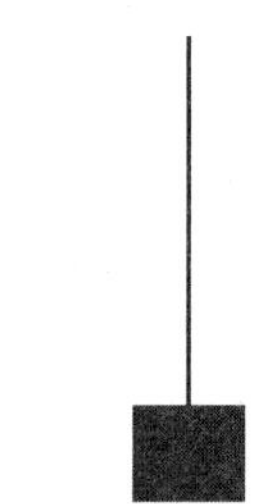

图 3-2　阴线倒锤子线

需要注意的是，标准的倒锤子线所带的上影线的长度至少为实体部分长度的三倍，同时也不能带有下影线，否则就不能称之为标准的倒锤子线。变异的倒锤子线可以稍微带点下影线，但下影线的长度不能超过实体部分长度的 1/2，所带的上影线长度至少为实体部分长度的两倍以上，否则就不能称之为倒锤子线。有时变异的倒锤子线与标准的倒锤子线具有同等的市场意义，如图 3-3 中所示的就是一些变异的倒锤子线。

图 3-3　变异的倒锤子线

倒锤子线处于不同的位置，它所代表的市场意义往往也是不一样的。一般情况下。当股价处于长期下跌之后的低位区域运行时，或者处于长期上涨之后的高位区域运行时出现的倒锤子线是具有较强的市场预测功能的。

下面就来看看，当这种形态出现在股价所运行的不同区域时，它所代表的市场意义有何不同。

场景一：反弹或反转

当倒锤子线出现在股价长期下跌之后的低位区域时，则预示着后市股价出现反弹或反转的可能性较大。所谓的反转，是指股价即将进入上升通道运行。而反弹则仅仅是技术性的需求，即反弹的上涨往往是阶段性的，甚至是短暂性的一波行情而已。

一般情况下，当股价经历了长期的下跌之后，尤其是在长期大幅度的下跌之后所出现的倒锤子线，其所具有的市场预测功能是较强的。换言之，作为新手而言，在研究这种 K 线形态时，要尤其关注大幅度下跌之后的目标个股，这种类型的个股倘若有主力资金入驻，那么一旦股价止跌企稳，往往会迎来一波较为可观的上涨行情。

对于长期超跌的个股来说，有些时候即便没有主力资金入驻，在技术反弹来临时也往往会出现一波较为强劲的反弹行情，这种行情一旦能被及时捕捉到，那也能够获取丰厚的短线收益。

下面先通过实例观察，进一步深入到盘面细节的研究中。

实例观察

例如新华锦（600735）（见图 3-4）：该股在经历了一波长期的下跌之后，股价进入低位区域运行时，就收出了这种倒锤子线，并且在随后的走势里走出了一波快速拉升的行情。

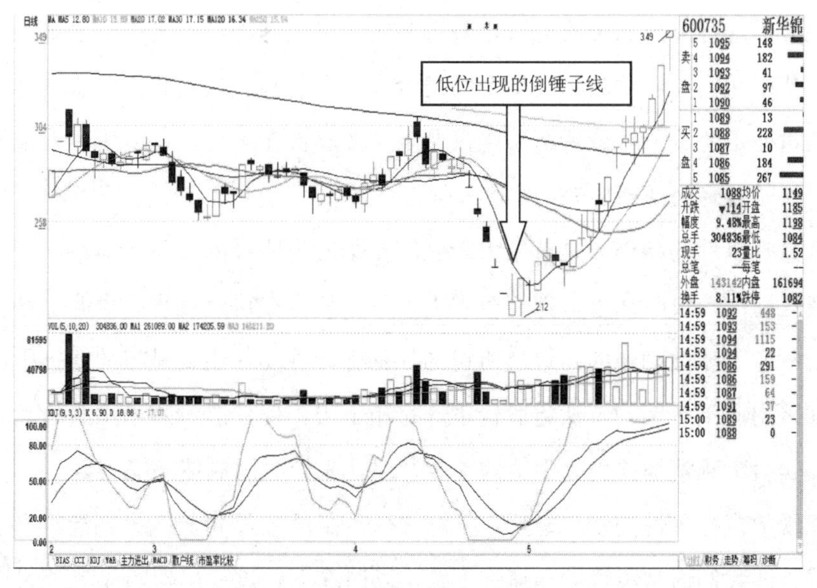

图 3-4 新华锦（I）

这种类型的个股在实战过程中是比较常见的，尤其在大势经历了长期的下跌之后，就更能轻松地碰到这种走势类型的个股。当然，并不是所有的在低位区域出现倒锤子线的个股，在接下来的走势里就一定能立刻迎来一波上涨的行情。有些在低位区域出现倒锤子线的个股，往往也会走出一波继续下跌的行情。

对于新手来说，碰到这种类型的个股时，更关键的是要懂得深入动态盘以及静态盘的运行细节中去思考它，掌握这里面的分析技巧以及“要点因素”。在研究K线形态的过程中，新手在很多时候仅盯着表面形态去思考，用简单的“图表学”去给后市行情下结论，从而导致操作上的失误。

对于这种在低位区域出现倒锤子线的个股，我们接下来看看，在实战分析的过程中，又应该从哪些细节方面去入手。

场景解读

要点一：故意打压动作

在分析这种类型的个股时，投资者要关注出现这种形态之前一段时间的走势迹象，从中我们可以观察到目标个股是否有主力入驻，只要我们用心去体会这段时间的盘面走势迹象，或者从静态盘面上挖掘股价在运行过程中所留下来的一些迹象，还是能轻松观察出来的。

故意打压性的动作，是有主力入驻的一个较为明显的迹象，即在出现这种倒锤子线之前的一段时间里，倘若有主力入驻，那么在这个过程中盘面上是会出现明显的故意干涉性动作的。这里所说的故意干涉性动作主要是指故意打压性的动作，如采用向下对倒的方法将股价迅速打压下去，促使股价收出下跌的大阴线，或者在卖盘上频繁地挂出大手笔的单子，以此来给盘面制造恐慌气氛。

出现故意打压性的动作之后，股价往往会在日K线走势图上连续收出下跌的大阴线，即我们通常所说的加速性下跌，同时在下跌过程中伴随成交量的放大。

对于新手来说，这期间成交量的放大或许会成为分析过程中的一个思考障碍，尤其对于那些稍微懂一点量价关系的新手来说更是如此，他们认为股价在下跌过程中成交量出现放大一定不是好事，这是新手的一种固有思维。

但殊不知，有些时候量也是可以做假的。

在出现频繁性向下对倒的状态下促使成交量出现放大的，这种放大其实不是真正的市场行为，而是主力自己“倒卖”筹码所释放出来的。换言之，出现这种放量是不必恐慌的，当然，这种打压性的放量也会导致股价出现连续大跌，但这种大跌只是在加速赶底而已。

在分析出现倒锤子线之前一段时间的盘面走势迹象时，新手要注重上面所谈到的这些故意干涉性动作背后的现象。这里也许会出现一个问题，那就是对于无法实时看盘的投资者来说，就会感到无法去识破当时股价在运行过程中是否有故意干涉的动作，毕竟看得最多的是个股的静态盘，而没时间去跟踪个股的动态盘。

其实，解决这一问题并不难。

通过很多看盘软件都可以观察到个股前些天在分时走势图上所留下来的运行轨迹，只要在静态盘上打开当时某天的分时走势图，从个股的分时走势图的迹象中，其实就能看出是该股否有故意干涉性的动作出现。

倘若股价在连续大幅度下跌的过程中，每天的分时走势图上都会呈现直线式的下挫，那么这种下跌就有故意打压的因素在里面。在分时走势图上出现的连续数天的直线式下挫，只有在主力向下对倒的情况下才会出现的，对于散户来说，即便出现恐慌性的抛压，那也是一个价位一个价位地卖，而不会出现集中一起降低几个价位，并且在同一时间里直接狂甩。

只要我们在分析的过程中用心去对待，并掌握了分析的方法，在静态盘上就可以寻找到主力做盘时所留下来的一些关键性的细节。对于新手而言，在学习技术分析的过程中，一定要有深入盘面细节的钻研精神，这是在这个市场中长期生存下去的前提条件。

无论我们想职业性地投入到这个市场中去，还是将其当作一个工作之余的理财工具去对待，只要想在这个市场中成为最终的赢家，至少要将自己打造成懂技术层面的分析者。倘若连最基本的技术分析都不能熟练掌握，那是很难在这个市场中求得属于自己的那个位置的，如果非要给自己定个位置，那或许就是“消费”的位置。

从图 3-5 中可以看到，在出现倒锤子线之前的一段时间里，股价就出现了一波加速下跌的走势，而这种加速其实就是被故意干涉性的动作打压下去的。这个过程中有过放量的动作，也有过缩量的动作，而放量与缩量之间其实就是由主力对倒的次数多少而定的。倘若能够仔细去“品味”这个过程中的盘面细节，是能够轻松识破主力的这种做盘手法的，并从容地去抓住后面所带来的机会。

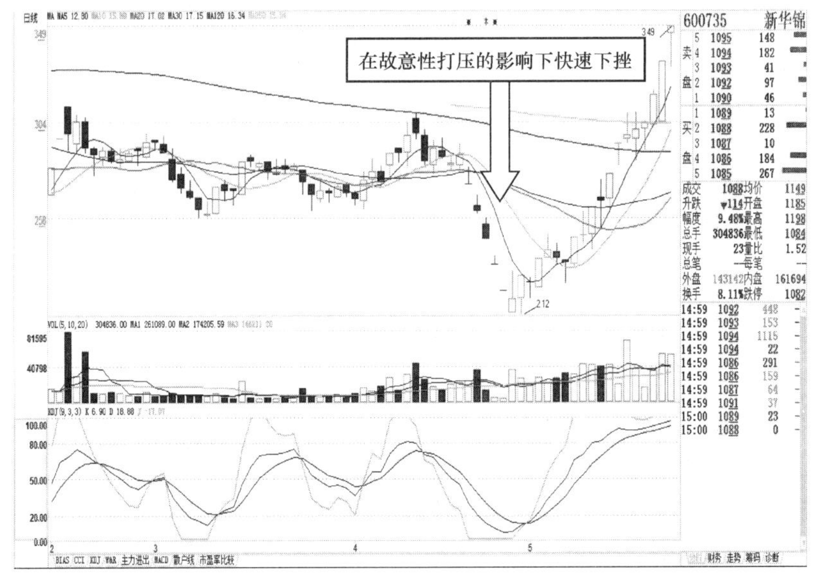

图 3-5　新华锦（Ⅱ）

要点二：小幅度阴跌

这是一个关键性的细节，也是个股进入止跌企稳回升之前比较常见的一个现象。即个股在经历一波长期的大幅度下跌之后，进入低位区域运行时走出了一段逐步小幅度连续下跌的动作，在这个过程中股价连续性收出下跌的小阴线形态，成交量也呈现出明显的萎缩。如果成交量是放大的话，那也是由于盘中出现了对倒的动作而释放出来的。但这种阴跌是有前提条件的，并不是只要出现阴跌的动作后股价就一定会筑底止跌，这也是很多新手乃至经验较为丰富的投资者容易误解的一个地方。

这种阴跌是在有大单压制成分的情况下出现的，即在股价连续阴跌的过程中，卖盘上会频繁挂出大手笔的单子，而买盘上挂出来的却是一些临时的小单。但在下跌的过程中，股价每天的下跌幅度都是比较小的，很少会出现大阴线的走势。这些盘面细节才是最关键的，阴跌表面上并不代表什么，其核心就在于阴跌过程中盘面上的这些动态。

在小幅度阴跌的过程中，卖盘上不断会有大卖单挂出，这一动作其实就是主力故意挂在上面的，其目的在于给盘面制造恐慌的情绪。而主力庄家如果真想卖出，那么他是不会这样明显地直接挂出来的，否则就等于直接告诉散户他要出货了，这是不可能的。

而在卖盘出现大卖单，同时买盘挂出来的只是一些零散小单的情况下，股价依旧能够维持小幅度的下跌，那么至少预示着盘中的抛压盘是比较稀少的，即持股者的持股信心是较为坚定的。倘若不然的话，在大卖单的压制之下，股价肯定会出现较大幅度的下跌，甚至会出现连续性的大跌走势。

有些时候，特殊性的小幅度阴跌也是一种寻底的动作，与干涉性加速下跌一样，在分析的过程中同样需要深入到盘面的细节变化中去观察。有了这种观察，才能更加确切地读懂主力庄家的做盘意图。而很多新手，之所以在研究K线形态的过程中不断失手，其关键因素就在于无法静下心去研究动态盘，以及静态盘盘面上的细节变化。

要点三：回落抛压稀少

形成倒锤子线当天的走势迹象也是很关键的，从这种K线形态的形成过程中，可以感触到多空双方在“争夺”上的悬殊倾向，尤其是在当天股价走高，以及走高之后的回落过程中的盘面迹象，这期间的一些细节变化是很重要的。

股价在当天走高的过程中，能呈现出稳步向上震荡的走势，并且在向上运行的过程中卖盘上不断有大单挂出，而买盘上挂出来的却是一些零散的小单。在股价走高之后的回落过程中，股价呈现出直线式的回落，即股价的回落是被盘中出现的向下对倒单直接打压下去的，同时在股价回落的过程中很少有主动性的抛压涌现。倘若在形成倒锤子线当天的走势里，盘面上出现这些迹象是再好不过的。

对于上面谈到的这些迹象，新手在理解上或许会有点吃力。下面给大家详细解读，希望能让大家对这些迹象有更深层次的理解和应用。

其一，在形成倒锤子线当天，股价在走高的过程中能呈现出稳步的向上震荡攀升，这就预示着做多的一方是比较淡定的，这种走高并不是冲动型的，也不是试探型的。

其二，在走高的过程中卖盘上不断出现大手笔的单子，在这种状态下股价依旧能呈现出稳步的震荡上行，那就进一步地说明了这种走高是带有一定的计划性和目标性的。倘若不然的话，股价是不会顶着压力继续向上运行的。同时卖盘上频繁出现的大单子，也是主力故意挂出来的，这至少预示着场内是有主力在活动的。

其三，在股价走高之后出现回落的过程中，倘若呈现直线式的回落，即是由于盘中出现了向下对倒单而促使股价在分时走势图上呈现直线式的下挫，那么这种回落就是在故意干涉性动作影响下而出现的回落。换言之，这种回落并不是市场本身的意愿，而是被故意打压下去的。

其四，在股价走高之后的回落过程中，倘若盘中的主动性抛压并不是很沉重，那至少预示着盘中持股者的持股信心是比较坚定的，这就为股价企稳回升提供了有力的前提条件。

反之，倘若在股价走高之后的回落过程中，盘中不断涌现主动性的抛压，那就预示着在故意打压的状态下，引发了一定程度的恐慌性效应，那么在接下来的走势里，股价很有可能会出现继续寻底的动作。

对于形成倒锤子线当天的走势，应该注重对以上这些细节的分析，一个是在分时图上走高的过程，一个是在走高之后的回落过程，这两个过程中的细节都是很关键的。换言之，对于当天的走势而言，这两个过程的细节才是分析的核心。

看到这里，或许有读者会思考，倘若在当天走高的过程中，股价呈现直线式的上冲，而在回落的过程中则呈现逐步震荡下跌的走势，同时在回落的过程中成交量也出现明显的放大，那又该如何去分析解读它呢。

这种思考是很有必要的，在实战过程中也会经常碰到这种走势现象。

倘若在形成倒锤子线当天，股价在走高的过程中出现快速冲高，而且在前面的走势里没有经历反复的筑底，那么这种冲高往往是试探性的。再加之随后的回落过程中，股价呈现逐步震荡的下跌，而且也出现了放量的现象，那么此时就需要谨慎对待了。

在这种走势迹象下形成的倒锤子线，至少预示着当天盘中的抛压是比较沉重的，后市股价是难以立刻止跌的，而是继续反震荡筑底，甚至是继续下跌寻底。

低位出现的倒锤子线在很多情况下具有较强的反转预测功能，但关键在于这种 K 线形态是在有主力干涉的情况下形成的，而且这种干涉是建立在主力入驻的前提下的。上面我们谈到的这些盘面要点的分析，其实就是判断是否有主力入驻的一种最直接的分析方法。对于新手而言，在研究这种形态的过程中是不能急切的，要耐心通过分析股价运行过程中的细节去解读主力的做盘意图，当然前提是确定有主力在目标个股中活动的。

通过盘面的走势迹象确定了主力做盘的意图后，再去谈参与操作的问题。只要主力入驻而形成的倒锤子线，即便股价会立刻启动上涨回升的行情，这种行情也不会一两天就结束，因此完全没有必要在还没有摸清主力做盘的套路之前就急切地参与其中。

下面就来看看，作为新手而言，在碰到这种类型的个股时，在实战操作过程中应如何去布局。

操作技巧

持币者

（1）先确定后动手

对于新手而言，心态很重要。尤其是在股价经历了大幅度的下跌之后，持币者往往都会有急于抄底的冲动，如果自己稍懂一点K线形态分析，这种冲动就会愈加强烈。在市场处于低位区域运行时，很多人都是败在急于并盲目地去抄底，对于新手而言更是如此，一旦买进后，股价只要稍有下跌，就会按捺不住心理的恐慌，从而在这种情绪下止损出局。毕竟心理上的成熟是需要实践经历来换取的，对于新手而言，贵在慢慢通过实践去经历。

碰到在低位出现的倒锤子线时，首先需要耐心地寻觅目标个股是否有主力入驻的迹象，之后再观察盘中的主动性抛压是否沉重。在主动性抛压稀少的前提下，耐心等待股价真正出现启动动作之后，再去考虑入场参与。

这里所说的启动动作，是指在出现这种K线形态之后，股价在分时走势图上能稳步向上攀升，对于新手而言，操作起来才会相对安全些。而对于那种突发性的直线式拉升，投资者最好不要盲目地急于买进，这种动作往往是试探性的，而非真诚的拉升，除非在此之前股价经历了反复的筑底整理。

（2）不急于捡便宜

在形成这种倒锤子线当天，新手是不能急于入场参与的，虽然这个过程中有可能捡到便宜的筹码，但这种风险是远远大于收益的，新手没必要去冒这个险，而是要将风险放在第一位。

在股价当天走高的过程中，很多新手由于抄底心切，往往会在股价处于低位区域运行时出现冲高，尤其是在日分时走势图上出现直线式的冲高时，这种冲动就会表现得更加明显。倘若这个时候去入场追高的话，对于新手来说，风险无疑是巨大的，一旦股价回落后在第二个交易日里没有出现及时的上涨，就很容易导致在第二天就亏损出局。

鉴于此，对于新手而言，即便判定了这根倒锤子线是由于主力入驻后而形成的，在当天也是不能急于入场买进的，而应该待后市股价出现明显的回升，并稳健地站在 5 日均线之上时再去考虑入场参与。

（3）过高点后慢慢买

倘若确定了的确有主力入驻，并且在低位区域运行时盘中的主动性抛压较稀少，在形成倒锤子线之后股价若是能呈现稳步回升，同时在回升的过程中主动性的抛压依旧较为稀少，在这种情况下，股价向上突破收出倒锤子线当天的最高点时，投资者就可以适当地入场买进，但这种买进不能重仓，应该在过高点之后，通过对接下来的走势的分析确认能逐步向上走强时再慢慢地买入。

有必要强调的是，倘若在过高点（即冲击收出倒锤子线当天所留下来的高点）时，股价在分时走势图上出现突然性的直线式冲高，在这种情况下，新手是不能急于去追高的，至少应该等到股价经历这种急躁性的冲高之后，确定当天的股价能够站在收出倒锤子当天所留下来的高点之上时，再去考虑入场参与，这样才会更加安全些。

持股者

（1）在刻意打压中适当坚守

股价进入低位区域运行后，倘若有主力入驻的话，有些时候主力也会使用已经控制的筹码对盘面进行刻意性打压。经历一段时间的打压后，在试探性触底的过程也时常会形成这种倒锤子线。

在这种状态下形成倒锤子线时，倘若当时盘面的主动性抛压较为稀少，持股者就应该继续坚守下去，股价就此出现止跌回升往往是大概率事件。

倘若在形成这种锤子线的过程中，盘面上不断有主动性的抛压涌现，后市股价往往还会有继续下跌的空间，对于仓位较重的持股者而言，这个时候就应该采取减仓的措施，或者先出来回避有可能出现的继续下跌。待其下跌寻底成功之后，再将其买回来。

（2）在偶然收阳中离场

有些个股在下跌通道运行时，也会偶然性地收出这种倒锤子线，即股价在下跌通道的运行过程中，不断呈现出绵绵不断下跌的走势，在收出这种倒锤子之前，盘面上都没有出现明显的故意干涉性动作。

在这种状态下所形成的倒锤子线，往往仅仅是技术性止跌的需要，倘若在形成这种倒锤子线之后，盘面上依旧没有出现故意打压或者故意压单的动作，那么一旦在接下来的运行过程中，股价继续下跌，持股者就应该考虑清仓出局，后市往往还会有较大幅度的下跌。

温馨提示：

在低位区域形成倒锤子线时，投资者在操作上一是要注意节奏，倘若在形成这种形态之前，股价没有经历任何的蓄势筑底动作，那么一旦在快速反弹之后出现滞涨的走势时，尤其是在反弹到重要的技术压力位置附近时，投资者须格外注意此时的盘面变化。

二是要注意仓位管理，在低位形成这种倒锤子线的形态时，投资者不能随意性地重仓参与。在大部分情况下，股价的触底往往是需要反复性的，是难以“一触而就”的。

场景二：受阻后的妥协

股价运行到重要技术压力位置附近时（如 30 日均线、60 日均线、半年线及年线附近），也时常会出现这种倒锤子线的走势形态。在这些技术阻力位置上出现的倒锤子线，更多的是在受到阻力的压制下，而出现的“妥协式回落”。而对于接下来的走势里，股价能否立刻向上继续走出上攻的行情，那就要根据当时盘中的抛压程度，以及做多力量的实力和意图而定了。

同样，下面先来观察一个实例，而后再进入更深一步的介绍。

实例观察

例如辽宁成大（600739）（见图 3-6）：该股运行到半年线附近时，就收出了倒锤子线的形态。

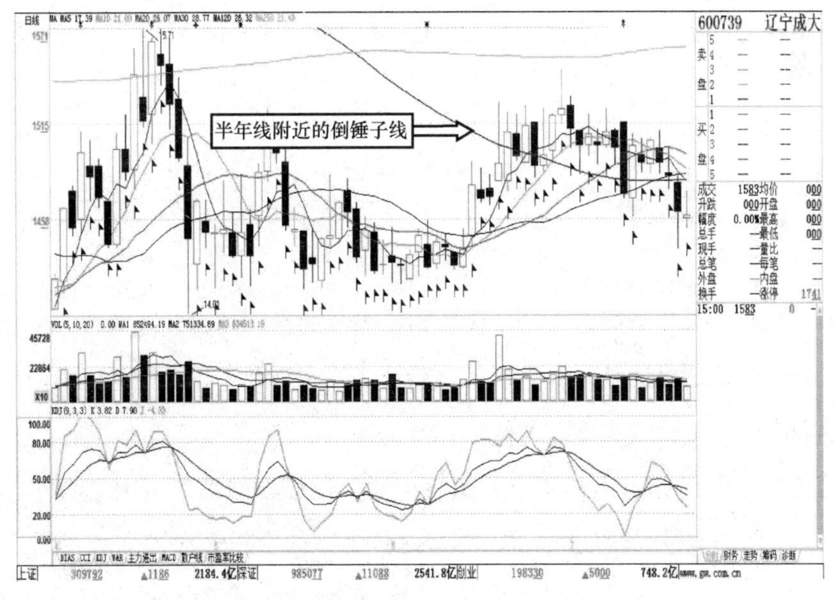

图 3-6　辽宁成大（Ⅰ）

股价在向上冲击半年线以及年线附近时，收出倒锤子线的形态是较为常见的，尤其是在股价经历了一波长期的大幅度下跌之后，当股价再次回到半年线或者年线附近时，原本被套在其中的筹码往往就会趁此解套出局。在“围城里面的资金”外流的同时，一旦场外的资金无法跟上的话，那么在冲高之后出现回落就是必然的。

从图 3-7 中可以看到，在收出这根倒锤子线之后，股价先是走出了一波回落整理的行情，而后逐步向上启动了一波上涨行情。

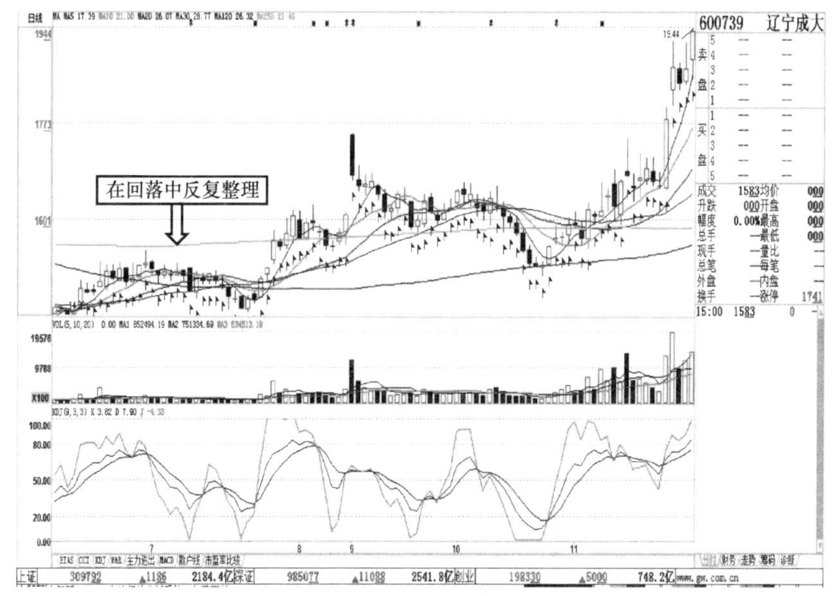

图 3-7 辽宁成大（II）

对于这种类型的个股而言，从大方向去思考的话，其实关键的核心问题就两个，一是持续性的抛压是否沉重，二是股价运行到这种重要的技术压力附近时，场外的做多资金是否能够持续入场。

落实到盘面的分析上，还是要从股价运行过程中的细节上去思考它。下面就来看看，在实战分析的过程中，对于这种类型的个股又应该注重场景上的哪些要点。

场景解读

要点一：幅度和速度很重要

对于在向上冲击半年线或者年线的过程中收出的倒锤子线而言，股价上涨的幅度和速度是比较关键的分析标的。这里所说的上涨幅度和速度，是指股价触底回升之后运行到半年线或者年线附近时的整体上涨幅度，以及上涨过程中所消耗的时间。

倘若短期内上涨幅度较大，比如超过了 30%，同时又是急速性的上涨回升，那么在这种情况下收出的倒锤子线，往往会引发股价出现一定幅度的调整，尤其是在年线和半年线的位置相距很近时。

因为股价短期的上涨幅度过大，在这个过程中势必会积累较多的短期获利筹码，这些筹码往往是不稳定的，大多是以抢反弹的姿态入场参与的，一旦股价上涨受阻，很容易引发这些筹码抛售。再加之在这种敏感的技术压力位置附近，原本就积累了一定的套牢盘，这部分套牢筹码同样在股价受阻的过程中，考虑出逃的可能性较大。

对于场外资金而言，股价运行到重要的技术压力位置附近时，往往会先以观望的姿态去对待，尤其当短期内出现了大幅度快速性的上攻，这种姿态表现得就会更加明显。

对于新手而言，在分析的过程中更要注重当时股价的上涨幅度与速度，对于上涨幅度过大的，尽量不要急于去参与，哪怕股价在第二天的走势里有继续试图向上突破的动作出现，也最好先观望，避免买进后遇到调整而导致自己承受不了的情况出现。

倘若在收出这种倒锤子线之前，股价经历了一段反复整理的走势，比如出现了一段较长时间的窄幅度震荡，同时在震荡的过程中成交量出现了明显的萎缩，在这种情况下，股价在接下来的走势里，就很有可能会在短期内向上突破这一技术压力位。

要点二：关注抛压程度

这里所谈到的抛压是指主动性的抛压，对于新手而言，在跟盘分析的过程中要重点关注股价在当天冲高之后的回落过程，以及在接下来的几天里，盘中的主动性抛压是否沉重。这个过程中的主动性抛压程度将直接反映这个技术压力位置附近的阻力程度，以及持股者的心理预期程度。

倘若在收出倒锤子线当天的冲高回落过程中，不断有主动性的抛压涌现，那么至少预示着盘中的持股者信心并不是很坚定。换言之，持股者对接下来的走势并不是很乐观。一旦在接下来的运行过程中，没能得到场外资金的助推，就此引发一波调整行情就是大概率事件。当然，这种调整往往都是以消化技术压力位置阻力的姿态来展开的。

同样地，倘若在收出这种倒锤子线之后的几天里，股价出现了滞涨甚至回落的动作时，如果在这个过程中主动性抛压较为沉重的话，那么这种滞涨就会引发更长时间甚至更大幅度的调整。通过调整来消化阻力位置附近的压力，待盘中的主动性抛压较为稀少后才有可能重启一轮上攻行情。

如果是由于盘中出现了大量的向下对倒单，而促使成交量出现放大的话，那么这种抛压是不可怕的，只要在对倒之后没有引发盘中出现大量的主动性恐慌性抛压，即便成交量出现明显的放大都是正常的。换言之，在这种情况下，后市股价往往不会出现过长时间的调整走势。

要点三：关注挂单动作

在动态盘中，买卖盘上的挂单动作也是非常关键的。透过挂单动作的表面，可以感知目标个股是否有主力资金在里面活动。倘若没有主力资金在里面活动，即便盘中的主动性抛压很稀少，也是无济于事的。

对于挂单动作上的观察，其实也很简单。

在收出倒锤子线当天的冲高之后，倘若在卖盘上不断有大手笔的单子挂出，而买盘上几乎没有出现大单的现象，并且在当天随后的回落过程中，在买卖盘上出现的挂单动作依旧如此，那就预示着该股是有主力资金在里面活动的，而且主力是在故意打压股价，通过这种故意挂大卖单的手段来干涉股价的运行，给盘面制造心理上的压力。

尤其是在出现这种倒锤子线的形态之后，倘若股价进入了调整阶段运行，在股价整理的过程中卖盘上不断有大手笔的单子挂出，而买盘上几乎没有出现大单挂出的动作，同时在整理的过程中，盘中也很少有主动性的抛压涌现。有这种挂单动作的出现，首先预示着盘中是有主力资金在里面活动的，而且此时的主力资金是在利用自身所收集到的筹码，通过挂大卖单的手段对盘面进行清洗，即我们通常所说的洗盘。

其次，在股价进入调整阶段运行时，在卖盘上挂出大单的状态下，盘中的主动性抛压依旧能维持稀少的局面，那就预示着盘中的浮动性筹码并不是很多，即盘中持股者的持股信心是相对坚定的。在这种形式下，股价的整理往往不会太久。

在出现这种倒锤子线的形态之后，股价进入整理阶段运行时，倘若买盘上不断有大手笔的单子挂出，而卖盘上却很少有大单挂出，那就要引起注意了，即便当时的成交量出现了萎缩的状态，也同样需要投资者谨慎对待。

这种挂单动作就是俗称的托盘动作，即股价在回落的过程中出现了一股刻意托住股价，使其不深跌的一种动作。就市场的本能而言，股价的回落是无法通过简单的托盘来扼杀其下跌的空间的。换言之，在股价冲击技术压力位置的过程中，倘若在受阻回落的过程中，单纯地依靠刻意性的护盘动作，是难以促使股价在短期内再次出现真正意义上的向上攻击的。

在实战分析的过程中，大家可以参考以上谈到的这些分析要点进行分析判断。另外，作为新手，在碰到重要技术压力位置附近出现的倒锤子线时，即便是有主力入驻，也不要简单地认为股价一定会在短期内启动一波继续上攻的行情。有些个股在出现这种K线形态之后，即便当时盘中的主动性抛压并不是很沉重，股价也往往会经历反复的长时间的整理后才会启动一轮新的上涨行情。从图 3-8 中可以看到，上面谈到的这一实例在出现倒锤子线后，也是在经历了较长时间的回落整理后，才启动一波上涨行情，而且在上涨的过程中也呈现震荡式上行。

图 3-8 辽宁成大（III）

对于新手而言，参与到这个市场中来，最关键的是要有合理的预期及良好的心态。很多人来到这个市场，都希望于买进之后马上就能见到收益，买入后股价能立刻上涨，这种想法是好的，但现实往往不会那么如意。

其实在很多时候，入场参与之后往往需要经历股价走势上的反复，而后才会在股价启动上涨行情的过程中享受到其中的收益。而股价走势反复的过程就是考验投资者心理预期及心态的一个过程。

倘若我们始终抱着入场后就要立刻看到股价上涨这种急切的心态，很有可能会诱导我们去盲目并频繁地去操作。在频繁的操作中失去了原有的机会，并在一次次的操作中迷失了自身的方向。理性对待、合理预期是一种觉悟，是让自己能够在这个市场中长期生存下去的一种觉悟。偶尔几次的盈利其实很正常，在经历一轮牛熊交加的行情之后，依旧能让自己在这个市场中完好生存，就不是那么简单的事情了。

对于新手来说，在入市之前，一定要有这种觉悟。

无论什么技术，什么指标，都不可能是绝对的，也不可能精准到何时股价会上涨或下跌。对于新手而言，在技术分析的过程有精益求精的追求固然是必要的，但更要理性去面对这个市场中特有的现实。通过合理的预期及仓位管理来对冲这些不可避免的风险。

接下来回到前面谈到的倒锤子线上来，看看在实战过程中遇到这种走势类型的个股时，在操作上该如何去应对它。

操作技巧

持币者

（1）维持观望，不急于参与

在出现倒锤子线当天不要轻易去买进，很多投资者都会犯这个错，往往会在股价冲高之后刚出现回落时就急于买进，从而导致被套其中。在收出倒锤子线当天，即便股价在回落的过程中很少有主动性的抛压涌现，作为新手来说，在操作上都应该维持观望的态度，不要急于入场参与操作。

对于新手而言，在股价没有真正向上突破这种重要技术压力位之前，在试探性的突破过程中是没有必要入场的。一是股价在试图突破的过程中不确定的因素太多，二是对于新手而言难以把握其中的节奏，在试探性突破的过程中有些时候是会出现一定的差价空间，但股价随时都有可能受阻而下跌，这里面的节奏不是新手能够自如把握到位的。

（2）充分整理，可分仓入场

有些在重要技术压力位置附近出现倒锤子线的个股，往往会在出现这种形态之前就经历了一段较长时间的整理，而且在整理的过程中成交量经历了萎缩的阶段。同时，在出现这种倒锤子线之前，股价的整体上涨幅度并不大。在这种情况下，对于风险承受能力较强的新手而言，可以适当地考虑在股价没有向上突破之前轻仓入场，试探性地参与操作，即在当天回落企稳之后，轻仓入场参与操作，提前布局。

但这种参与的前提除了一定出现上面所谈到的这些盘面迹象外，还需要满足下面一些条件：

首先，在形成倒锤子线当天的回落过程中，主动性抛压必须是稀少的，而且不能是在有托单的前提下表现出的抛压稀少。倘若股价在回落过程中，买盘上频繁地挂出大手笔的单子托住股价的回落空间，从而促使股价在回落过程中很少有主动性的抛压，这种情况是需要区别对待的。换言之，出现这种迹象时，即便在这之前股价经历了一段时间的整理，而且整理的过程中有成交量萎缩的现象，也是不能在当天轻易入场参与的。

原因很简单，在当天回落的过程中，之所以很少有主动性的抛压出现，更多的是因为持股者看到了买盘上出现了大手笔的买单而对后市抱有希望，所以继续持股而不去抛售。但这种大买单又往往是主力自己挂上去用来测试盘面的，一旦这些大单消失之后，盘中的持股者是否依旧能淡定地持股下去，这是需要观望的。

或许有读者会思考到一个问题，那就是倘若股价在当天回落的过程中，卖盘上频繁地出现大单，而买盘上却几乎没有出现大单的现象时，在操作上又该如何去应对？

出现这种迹象时，对于风险承受能力较强的新手而言，也是可以在当天回落企稳之后适当性地轻仓入场参与的。

在回落的过程中，卖盘上频繁出现大单并不可怕，只要在挂出大卖单之后没有引发恐慌性的抛压就不会有太大影响。

其次，在形成倒锤子线时，不能出现双重的技术压力，即当时的股价不能同时面临半年线和年线上的压力，换言之，半年线和年线之间必须有一定的空间隔开。倘若当时的半年线和年线之间很近的话，股价往往难以一蹴而就地向上形成真正意义上的突破。对于新手而言，在这种状况之下，先观望或许是最好的操作策略，待股价真正向上形成突破了再去参与也不迟。

（3）回头确认后逐步买进

在重要技术压力位置附近形成倒锤子线时，对于新手而言，要耐心关注股价接下来的走势动向，以及在盘面上留下来的细节迹象。无论股价在随后的走势里是先经历整理，还是直接向上试探性突破，即便在真正突破之后往往也都会有一个回落，以再次确认这个技术压力位置的支撑能力，原有的技术压力位置被突破之后，从技术层面而言，就会转化成后市股价继续向上拓展行情的支撑位。

倘若在回头确认之后受到了有效的支撑，那么在股价再次回升的过程中，对于新手而言就可以逐步地入场买进了。这里所说的逐步买入，其实就是慢慢地分仓买进，这种分仓不是指在某一天里分几个阶段去完成买入的任务，而是在接下来的走势里，倘若股价能够稳步向上拓展行情，在前面的仓位盈利的情况下去分仓慢慢买入。

这里有必要向新手强调一些细节上的问题，股价在回落确认的过程中，卖盘上最好有大卖单挂出，若能有持续性地挂出大卖单是再好不过的了。

对这一迹象来说，或许有很多读者无法理解。按照正常的思维方式，卖盘上挂出的单子应是越少越好才对，而这里却说卖盘上能持续性地挂出大卖单是再好不过的了，这又何从谈起呢？

倘若从故意干涉的角度去思考的话，那么对于这种挂单动作就不难理解了。

在股价回落确认的过程中，卖盘上频繁挂出来的大单其实是主力自己挂上去的，其目的就是用来干涉散户的正常思维。让普通散户感到抛压沉重，以此来测试盘中浮动筹码的程度。换言之，倘若在挂出大卖单之后，盘中的主动性抛压依旧很稀少，那就预示着股价在回落确认的过程中盘中持股者的信心较为坚定，即浮动筹码并不是很多。在这种情况下，股价回落确认受到支撑后，往往就会迎来一轮新的上涨行情。

在股价回落确认的过程中，倘若股价再次回落到原有被突破的重要技术压力位置附近时，买盘上突发性地出现大手笔的单子，那么在这种情况下，即便股价经历回落之后出现了明显的企稳，此时，投资者也不要急于入场买进，要谨防这种企稳只是主力护盘的结果。对于新手而言，此时应该维持观望的态度，待股价在随后的走势里真正企稳并向上逐步回升之后再考虑入场。

持股者

（1）在充分休整中坚守

对于持有这种类型个股的投资者而言，其关键是要密切关注股价运行过程中的盘面细节动态。倘若股价在上升的过程中，时常有洗盘的动作出现，即突发性地出现故意打压，或者在卖盘上时常挂出大手笔的单子压制股价的上涨，那就预示着主力在一边拉升的过程中一边在清洗盘中的短线获利筹码。换言之，在这种状态下形成的上升行情，当其运行到重要的压力位置附近时，至少不会积累过多的短线获利筹码，这就为股价向上形成突破这种重要的技术压力位置提供了有利的铺垫性工作。

另外，倘若股价在运行到这种重要的技术压力位置附近之前，经历了一段时间的蓄势整理，并且在整理的过程中不断有大手笔的单子挂在卖盘上，同时也会时不时地出现故意打压的动作，经历蓄势整理之后，即便盘面上出现了故意打压的动作，也很少有主动性的抛压涌现，那么这种整理就是充分的。换言之，在这种情况下收出的倒锤子线，往往只是一种试探性突破的动作，只要在当天的冲高过程中，盘面上依旧能维持抛压稀少的状态，那么后市股价往往会在短期内形成突破。

对于持股者而言，在这种状态之下，是可以继续持股的。在形成这种倒锤子线之后，股价随时都有可能向上形成突破并继续走出一波上涨行情。

（2）在急冲中回避

对于持股者而言，要尤其注意股价“一口气”冲上来的情况，即股价在触底回升的上涨过程中，是呈现强势的直线式拉升而运行到这种重要技术压力位置附近的。

与此同时，在收出这种倒锤子线当天，股价在当天分时走势图上的上冲也呈现直线式的拉升，而随后的回落则是震荡式的，并且在回落的过程中主动性抛压也较为明显。

出现这些盘面迹象时，对于持股者而言，尤其是仓位较重的持股者，首先要考虑先出来回避有可能的调整。对于这种类型的个股，在形成这种倒锤子线之后，很有可能出现一波回落调整的行情。

首先股价是“一口气”冲上来的，在这个过程中必将积累了大量的短线获利筹码，尤其是在涨幅较大的情况下。这部分短线获利筹码一旦看到股价无法继续上冲，往往是会回吐的。无论是从心理层面，还是从技术层面来讲，一旦股价运行到重要的技术压力位置附近，都极有可能引发一轮调整的行情。

其次，在重要技术压力位置附近（半年线或年线附近），本身就积累着一定程度的前期套牢筹码，这部分筹码也很容易在股价失去动力之后，或者出现滞涨动作时，进行抛售来解套。在这种情况下，也极有可能引发股价出现调整的走势。

温馨提示：

对于大部分投资者来说，最容易犯错误的地方有两点：一是不舍得，二是抵挡不住诱惑。

对于持股者而言，往往是在看到前面的涨势不错的情况下，忽视了一路上所积累的短线获利筹码及在重要技术压力位置所累积的前期套牢盘，在操作策略上不舍得出来回避调整。

而对于持币观望的投资者来说，往往是在看到形成这种倒锤子线当天，股价出现快速冲高的动作后，按捺不住急切的心情，从而盲目地入场买进。一旦股价出现回落，又会表现出盲从性的恐慌，在盲目之中，导致被深套其中。

场景三：高位反转

股价经历长期上涨之后，进入高位区域运行时，也时常会收出倒锤子线的走势形态。在大多数情况下，股价在高位区域出现的倒锤子线往往预示着遇到了较强劲的抛压，这种抛压多会促使股价出现反转向下的走势。换言之，股价进入高位区域运行时，收出了倒锤子线的话是需要谨慎对待的，尤其是在收出的上影线很长的情况下，这很有可能是主力资金在出逃的表现。

下面先来观察一个实例。

实例观察

例如青岛双星（000599）（见图 3-9）：该股运行到高位区域就收出了倒锤子线的走势形态，在此之前还走出了一波加速拉升的动作。

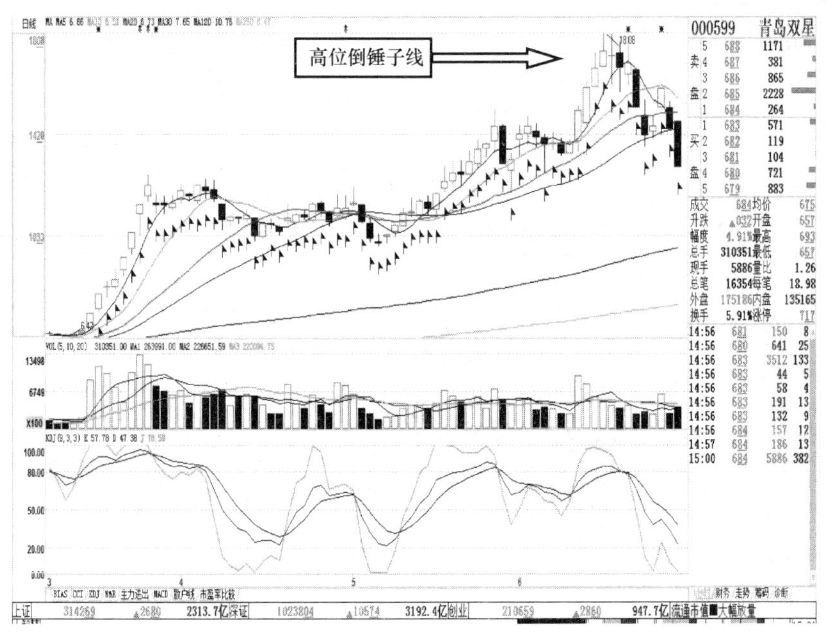

图 3-9 青岛双星（Ⅰ）

这种走势类型的个股在实战中是比较常见的，也是比较“伤人”的，对于新手而言很容易被套其中，尤其是这种在高位区域出现了一波加速拉升动作的个股。对于新手，乃至有一定实战经验的投资者而言，在这种形式之下，往往会把焦点放在加速拉升的动作上，很少有人会去关注这里出现的预警信号（倒锤子线）。

从图 3-10 中可以看到，在出现这种倒锤子线之后，该股便走出了一波快速下跌的行情。对于该股而言，其实只要稍加注意就可以回避后面暴跌所带来的风险。从当时的走势来看，股价在收出倒锤子线之后又出现了十字线和一根走低的阴线，这些都是在高位看跌的信号。这些信号叠加后，其所带来的看空功能是不能被忽视的，尤其是在高位经历了一波加速拉升动作的个股。

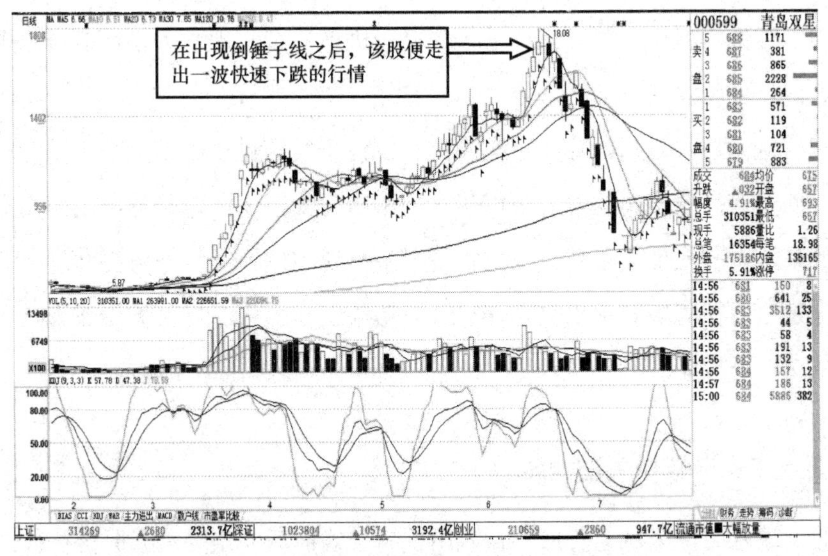

图 3-10　青岛双星（Ⅱ）

高位倒锤子线是值得新手去重视的，虽说形成这种形态后股价并不一定会立刻出现下跌的走势，但它却是一种预警信号，一旦股价在接下来的走势里出现了滞涨的情况，那么在高位区域滞涨之后引发一波下跌行情往往就是大概率事件。

下面来看看，在高位区域出现倒锤子线时，在实战过程中应该从哪些角度去思考和分析它。

场景解读

要点一：出货不一定要放量

股价进入高位区域运行时，对于很多投资者而言，尤其是新手，在判断主力资金是否出逃的过程中，往往会把关注的焦点放在成交量的变化上。关注成交量的变化是没有错的，但仅用是否放量这一分析手段来判断主力资金的出逃迹象是不全面的，甚至是不合理的。

主力在出货的过程中，同样可以让成交量出现明显萎缩的状态，只要控制抛售的节奏慢慢卖就可以了，这样一来成交量固然不会出现放大，反而会呈现萎缩的状态。

理解这一层关系后，在高位出现这种倒锤子线的过程中缩量也是不能掉以轻心的，倘若在高位缩量的过程中，买盘上不断有大手笔的单子挂出，而卖盘上挂出来的只是一些零散的小单，在这种情况下出现的倒锤子线是值得高度注意的，这往往是主力在隐蔽式地出逃，挂出大买单来误导散户，让他们误认为是买盘积极，从而入场接盘。

要点二：滞涨中关注抛压

股价进入高位区域运行时，在收出倒锤子线前后的走势里，股价往往会出现一两天，甚至数天的滞涨动作。即股价出现反复的震荡不前，或者涨幅相对于前面走势里的幅度要小得多，这就是通常说的滞涨动作。

有这种滞涨动作伴随时，投资者就要密切关注这个过程中的主动性抛压程度。倘若在滞涨的过程中买盘上频繁地挂出大手笔的单子，同时不断有小手笔的主动性卖单陆续性地，甚至是连续性地抛售，那么基本上可以判定此时的主力在真正往外抛售筹码了。同样地，在滞涨过程中不能简单地用缩量或者放量来衡量主动性抛压的程度，而应该深入动态盘面去观察买卖过程中的细节。

从图 3-11 中的振华重工（600320）上我们可以看到，该股在高位出现倒锤子线后就走出了几天的滞涨动作，而且在滞涨中成交量也并没有出现明显放大的现象，但当时的主力却在高位出逃了，随后便引发了一波快速下跌的行情。

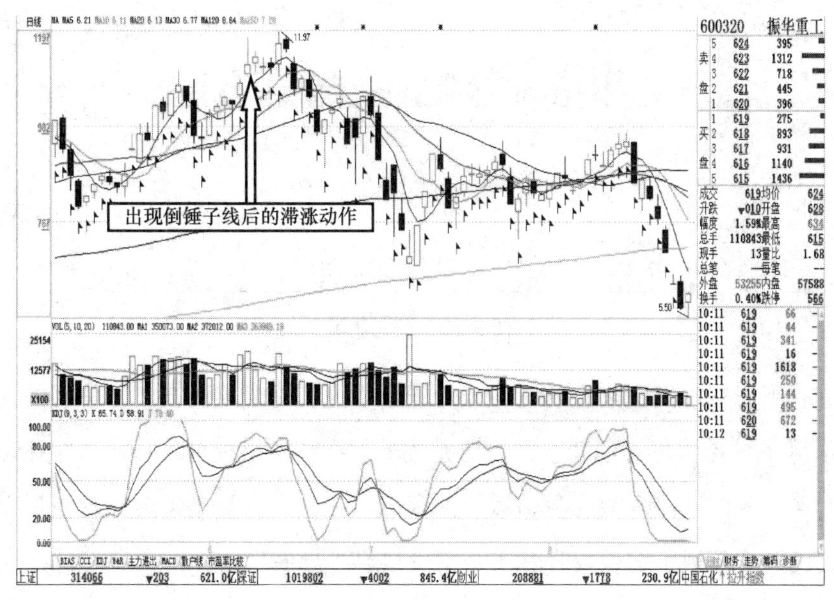

图 3-11　振华重工

要点三：障眼法的下影线

有些时候在高位出现倒锤子线的个股，往往会收出一根带有长长下影线的 K 线形态，正是这根下影线的出现，使很多稍懂 K 线形态的新手认定下档承接能力很强，从而纷纷入场接下主力抛售出来的筹码。

从图 3-12 中的铁龙物流（600125）的走势中，可以看到该股进入高位区域运行时收出倒锤子线后，在接下来的走势里就出现了带有长长下影线的 K 线形态，当时的这种走势动作很容易被散户解读成下档承接力度较强的信号。但随后的走势并没有验证这种解读的正确性，而是走出了一波快速下跌的行情。

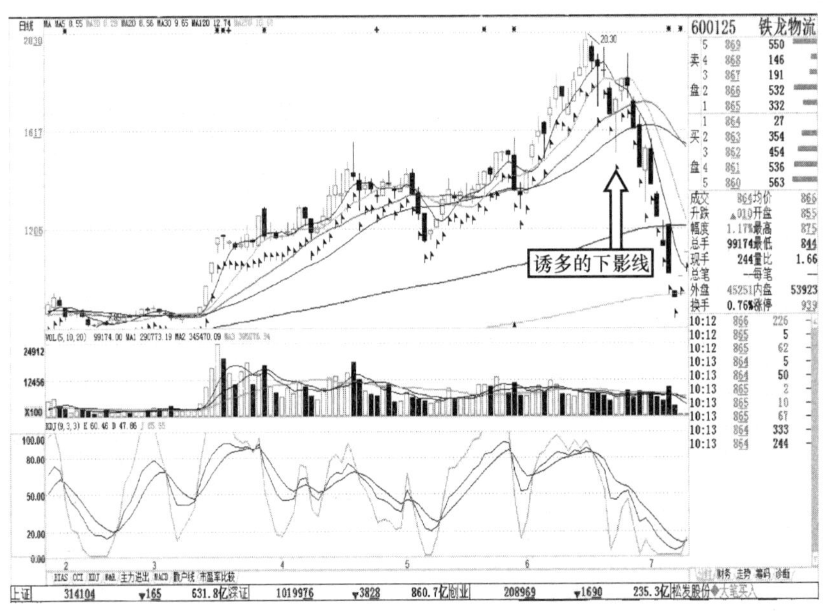

图 3-12　铁龙物流

这种下影线出现在高位的时候，对于新手而言是最容易被“忽悠”的，尤其对于稍懂一些 K 线形态的新手而言更是如此。在高位出现这种形态，往往是主力采用对倒拉升的手段来故意吸引散户的眼球，让其误认为是因为买盘积极而将股价拉起的，却忽视了这种拉升其实是主力自己“导演”的。

在高位收出倒锤子线之后，倘若在随后几天的走势里收出了这种带有长长下影线的 K 线形态时，投资者在分析判断的过程中只要抓住以下这些盘面上的细节动作就可以了。

首先，倘若在收出带有长长下影线当天股价下跌的过程中，在分时走势图上股价的下跌呈现逐步震荡的形式，换言之，股价的下跌是由于盘中出现了主动性抛压而促使的，并非是被向下对倒的单子故意打压下去。有这种迹象出现时，那就预示着这种下跌是市场行为，即盘中出现了明显的抛压，资金在外流。尤其是在下跌过程中，买盘上不断挂出大手笔的买单，但每当股价下跌至这个价位附近时，原本挂出来的大买单就会被撤掉，或者被对倒掉。出现这种挂单配合的情况下，基本上可以确定主力是在出逃了，挂大买单的目的就是迷惑散户，让其误以为是买盘积极所致。

其次，关注收出上影线当天股价回升过程中的动态，这一细节动态也是非常关键的。

倘若股价的回升是被对倒单迅速拉起的，即在分时走势图上呈现直线式的回升，从而形成了这根长长的上影线，那么这种回升就不是市场的本能行为，而是被主力资金故意拉上去的，其目的就是吸引散户的眼球，刺激散户看多或者直接入场做多，从而实现自身抛售筹码的最终目的。

在实战过程中，投资者遇到在收出倒锤子线之后的走势里出现了带长长下影线的 K 线形态时，抓住上面所谈到的这些细节动态，就能轻松识破主力借机出逃的伎俩。当然，在单独判断高位出现的下影线时，也同样可以抓住这些细节迹象去加以分析。

要点四：加速拉升中诱多

这种动作是很常见的，很多主力在高位出货的过程中往往会采用这种手法来诱导散户入场接盘。在高位收出倒锤子线之前，大多数情况下股价是会走出一波加速拉升的行情，在加速拉升过程中，有时会出现放量的现象，而有时则会出现缩量的现象。缩量与放量其实并不是最关键的，核心在于加速拉升过程中的一些盘面细节迹象。

主力在高位出货过程中所制造出来的加速拉升，往往都是伴随着频繁向上对倒的动作，即股价的拉升基本上是被盘中出现的向上对倒单拉上去的。股价在分时走势图上会呈现直线式的拉升，同时在买盘上会频繁地挂出大单，以此来助阵。而当股价在分时走势图上冲高到一定程度之后，要么就是出现逐步震荡式的回落，要么就是在分时走势图上进入窄幅度震荡的格局，此时买盘上会挂出大手笔的单子，封住股价的下跌空间，而卖盘上是基本不会挂出大单的。

对于新手而言，对冲高回落过程中的这一迹象理解起来可能有一点难度。看完下面这些解读后，相信都能理解到位了。

在分时走势图上冲高后逐步回落，其实就是主力资金在慢慢抛售的一个过程，有的主力甚至还会在买二或买三处挂出大手笔的单子。每当股价回落到这个价位上时，这些大单就会被自动撤掉。在大买单的掩饰下，散户往往是不会抛售的，他们会觉得这种回落是正常性的洗盘，因为此时盘中出现了大手笔的买单。

在逐步回落的过程中，倘若主力控制住了抛售的节奏，是可以做到缩量回落的，即主力在股价逐步震荡回落的过程中，慢慢地抛售，既不抛售得那么频繁，也不大手笔地集中式抛售，这样是能轻松做到在缩量中完成出货的。

当天股价逐步回落的过程中给主力出货赢得了时间，换言之，我们在分析的过程中，对于收出长长下影线当天股价回落的形式的观察是很重要的，同样是回落，但以不同的形式回落，所预示的市场意义是不一样的。逐步震荡式的回落，并且在有大买单挂出来护盘时，往往是主力在高位出货的一个重要盘面特征。收出下影线当天股价的回升过程中，就更容易理解股价在分时走势图上呈现的直线式拉升了。

股价在分时走势图上越是上涨强劲，散户就会越兴奋，这个时候就会更加按捺不住冲动的情绪，也很容易入场买进，尤其对于那些稍懂一些技术的散户。

主力会采用对倒的手法将股价迅速拉起，在分时走势图上出现的直线式上冲会给散户带来一定性的“震撼”作用。除了直线式的上冲会吸引散户入场之外，在这个过程中出现的频繁性对倒也会吸引散户入场，散户看到盘中不断有大买单出现时，就会习惯性地认为是买盘积极的表现，常忽视了这些买单都是主力故意制造的。而真正意义上的市场性回升，则是在股价回升收出下影线的过程中，呈现逐步震荡向上式的回升。换言之，倘若因场外资金不断入场买进而促使股价回升，那么在回升的过程中是不会频繁出现大单买进的，散户是没有这种实力不断地采用大手笔的动作去入场的，原因有二。其一，散户买入一般都是零散“吃进”，即以小单的形式出现在成交明细中。

其二，散户在买进的过程中，也不可能在同一个价位上及同一个时间节点上不约而同地集体买进，这是不现实的。

从这两个角度去思考的话，股价在高位区域运行时，若出现了频繁性的向上对倒单而促使股价在分时走势图上呈现直线式的拉升，那是需要高度谨慎的，这种动作往往是主力故意用来诱多的。而这里所谈到的在收出长长的下影线过程中的回升也是如此，在实战分析的过程中，投资者要区分主力诱多下的拉升而形成的下影线。

对于在高位区域出现的倒锤子线，在盘面分析的过程中，可以从以上谈到的这些方面入手去分析解读。在分析的过程中，一是要学会综合各方面的盘面因素去分析，二是要关注股价运行过程中的盘面细节动态，不要仅浮在形态的表面上去思考。

了解了这种类型个股的分析方向之后，下面就来谈谈在实战操作的过程中，又该如何去应对它。

操作技巧

持币者：把风险放在首位

对于这种类型的个股，持币者首先要考虑的问题就是风险，而非收益，尤其对于新手而言，虽然前面的涨势很诱人，但这种诱人也只是一种诱惑而已，往往当你入场参与之后，之前的涨势就一去不复返了。

在高位区域形成这种倒锤子线后，持币者应尽量做到多看少动，要动也只能是试探性地动，在参与赶顶行情中的冲高动作时，一是要控制仓位，二是要利索。一旦后市出现滞涨走势，要利索地清仓出局，这个时候宁可看错，也不可盲目做错。

持股者

（1）不过于幻想，及时了结出局

在高位出现这种倒锤子线时，持有这种类型个股的新手，对后市的预期不能

有过多的幻想。

倘若在出现这种倒锤子线之前，股价经历了一波加速拉升的动作，或者出现了明显的滞涨动作，而且在加速拉升或者滞涨的过程中，明显有主力出逃的迹象，那么在出现这种倒锤子线当天，新手就应该及时抛售筹码。在这种情况下，新手是没有必要去继续冒险参与的，即使后期股价还会有一波冲高的动作，但这种冲高也往往不是新手能把握到位的，一旦股价直接向下破位大跌，损失就更大了。

对于在场外关注的新手来说，不能轻易入场参与这种类型个股的操作。股价进入高位区域运行时，一旦个股出现看空信号，新手都要去尽量避开，无论是从心态上，还是从技术的把握上，新手在操作的把控上都是有欠缺的，换言之，这种参与是完全不适于新手的。

（2）不被大单所迷惑

对于在高位出现倒锤子线的个股而言，有些时候主力为了更加隐蔽地出逃，往往会在形成这种 K 线形态之后，让股价在高位区域维持一段时间的横盘滞涨走势，在这个过程中买盘上会频繁挂出大单，而卖盘上是基本不会出现大单的。

这种动作其实就是为了制造错位思维，即让散户误认为这种滞涨性的横盘是主力在洗盘，尤其当在滞涨过程中成交量出现萎缩的状态时，散户的这种思维就会更加明显。

碰见这种走势时，那么尽早离场出局即为上策。当然，不排除股价在横盘之后会出现一个诱多式的冲高，但这种冲高不是新手可以把握的。

（3）破 20 日线，果断离场

对于新手而言，倘若在高位出现这种倒锤子线之后，没有及时在股价出现明显的下跌之前离场的话，那么一旦股价跌破 20 日均线的支撑，就要果断清仓出局。即便后市股价出现二次筑顶的走势，也不能将希望压在这种可能性上。

在高位出现倒锤子线后，新手容易被盘中出现的诱多性反弹所迷惑，即便股价的重心在下移，只要在这个过程中有反弹的出现，那也往往会被其所迷惑而继续留恋下去，导致最终被深套其中。

新手导语

通过上面的介绍，相信大家对倒锤子线已经有了较为深入的了解，但最关键的是要通过实战去再次地梳理总结，在总结中不断思考，在思考中不断形成属于自身的实战经验出来。要重点关注出现在长期下跌之后的低位区域，以及股价触底回升之后运行到半年线或年线附近时出现的倒锤子线。当然，如果出现在高位区域中就更要重视它的存在了。

在长期下跌之后的低位区域出现倒锤子线时，在分析判断的过程中，要将焦点放在盘中是否有主力入驻上，判断的方法已在前面详细阐述，分析主力资金流入的核心就在于关注盘面的细节上。

对于新手而言，只要愿意花时间去跟盘，并用心去体会动态盘及静态盘上的细节变化，对于确定是否有主力入驻并不难。比较困难的就是心态的把控，这里所说的心态把控，主要指入场操作时间节点的把控。对于大部分新手来说，急于操作、频繁地操作是导致失手的主要原因之一。在判断出是因有主力入驻而形成的倒锤子线后，往往就会迫不及待地入场参与操作。但是在入场之后，一旦股价没有立刻上涨，往往没有耐心花时间去坚守，尤其是在入场后不涨反跌的情况下，更会在恐慌之下止损出局。

对于在低位出现的倒锤子线，新手在心态的把控上是要下工夫去修炼的，而这种修炼唯有通过自身在实战过程中不断地去经历，从经历中去完善自身的心态体系。对于新手来说，股价经历长期下跌之后在低位区域运行时，如果出现一些止跌的信号，此时是不能急于去抄底的，在股价没有出现明显的止跌回升之前，所有的抄底行为都是新手不宜操作的。

在半年线和年线附近出现倒锤子线时，倘若在此之前股价没有经历充分的蓄势整理，那么对于新手来说，是不能轻易去参与其中的试图性冲击的。这一心理博弈也是很多新手容易犯的错误，总想获取试探性地向上冲击半年线或年线过程中的差价。而这种差价不是想要就一定会出现的，即便会出现，新手也是难以把握的。换言之，在半年线或年线附近出现倒锤子线时，持币的新手最好耐心地做个看客，待股价向上真正形成突破之后，再去考虑入场参与操作。

对于在高位区域出现的倒锤子线，新手更要高度重视其看空功能的一面。在高位出现倒锤子线后，股价不一定就会立刻出现下跌的行情。换言之，在股价没有立刻出现下跌行情时，并不能就此忽视这种形态的看跌功能，而去简单地转向看涨。

新手在碰见高位出现倒锤子线的个股时，是不能轻易入场参与操作的，这种风险是新手难以把控的，尤其要注意买盘上出现的故意干涉性的挂大单动作，以及在高位出现滞涨动作之后的诱多拉升。

新手在学习倒锤子线的过程中，要善于结合其他的看涨或看跌的 K 线形态去综合分析它的市场意义，更重要的是能够透过形态的表面去深入盘面的细节中去分析。要学会用前后联系的思维去思考问题，切勿仅凭某一单方向性的动态就去盲目地入场参与操作。

新手首先要让自己静下心来，先做看客，再通过不断地跟盘，并在跟盘过程中去验证自身的想法以及逻辑分析思维。而后再将跟盘过程中所总结出来的分析经验运用到实战中去，在实战过程中再次提炼出属于自身的操作技巧。

第四章 乌云盖顶上的风险意识

从“乌云盖顶”这种K线形态的名称上，就能发现这是一种看跌的形态。乌云盖顶形态往往出现在股价处于高位区域运行时，或者处于阶段性高位运行时。这种K形态在市场中也是比较常见的，同时在特殊环境下，它具有较强的市场预测功能。

对于这种形态本身而言，可以这样去理解它：股价经过一波上涨行情之后运行到高位区域时收出一根上涨的大阳线，紧接着第二天的股价出现大幅度高开，但是在开盘之后盘中出现大量的抛压，而此时买盘却不是很积极。在卖盘不断涌出的情况下，股价开始一路走低，并且收盘时收在前一天的收盘价以下，收出一根大阴线的形态，这种走势形态称之为“乌云盖顶”。

标准的“乌云盖顶”形态中，前面收出的那根大阳线是不带上下影线的，也就是说当天的开盘价就是当天的最低价，而当天的收盘价就是当天的最高价。而在第二天收出的大阴线中也是不带上下影线的，当天的开盘价就是当天的最高价，而当天的收盘价就是当天的最低价，如图4-1所示。

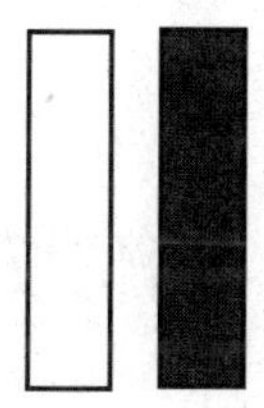

图4-1 乌云盖顶（Ⅰ）

在变异的“乌云盖顶”形态中，前面收出的大阳线可以稍微带有上下影线，同样在收出的这根大阴线中也可以稍微带有上下影线，而且收出大阴线时的收盘价可以收在前一天的大阳线之上，如图4-2所示。在很多情况下变异的“乌云盖顶”形态跟标准的“乌云盖顶”形态具有同样的市场意义，但是变异的“乌云盖顶”形态对市场的预测信号没有标准的“乌云盖顶”形态那么强烈。

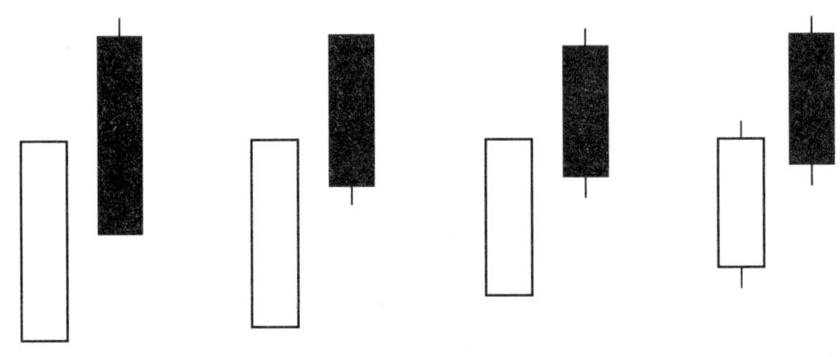

图 4-2　乌云盖顶（Ⅱ）

如果前一天出现的是一根开盘就涨停的“一字线”，第二天就出现了一根长长的大阴线，那么是不是“乌云盖顶”形态呢？当然是，这是标准“乌云盖顶”形态进化而来的一种特殊的“乌云盖顶”形态，同样预示着后市股价将会出现下跌的行情。

下面来看看这种形态出现后它所代表的市场意义。

从该形态的形成来看就可以看出买方已经明显地失去了主动权，表明买方的能量在逐步地衰退，同时卖方的能量在逐步地增强，因此，仅从形态本身来看，往往预示着后市股价将会出现下跌的走势。当然，当其出现在股价运行的不同场景时，即在不同的区域时，它所代表的市场意义也会有所不同。一般情况下，这种形态出现在股价反弹到阶段性高点时，或者出现在经历长期上涨之后的高位区域中。

场景一：行情反转下行

倘若是在股价经历了一波长期上涨之后，进入高位区域运行时，尤其是在进入高位区域运行后经历了一波加速拉升时，盘中出现了这种乌云盖顶的走势形态的话，那就要谨慎对待了。这往往是股价见顶的信号，后市股价很有可能会就此见顶并直接走出一波下跌行情。

下面结合实例来具体分析。

实例观察

例如禾嘉股份（600093）（见图 4-3）：该股当时在运行到高位区域时，就走出了这种乌云盖顶的形态。

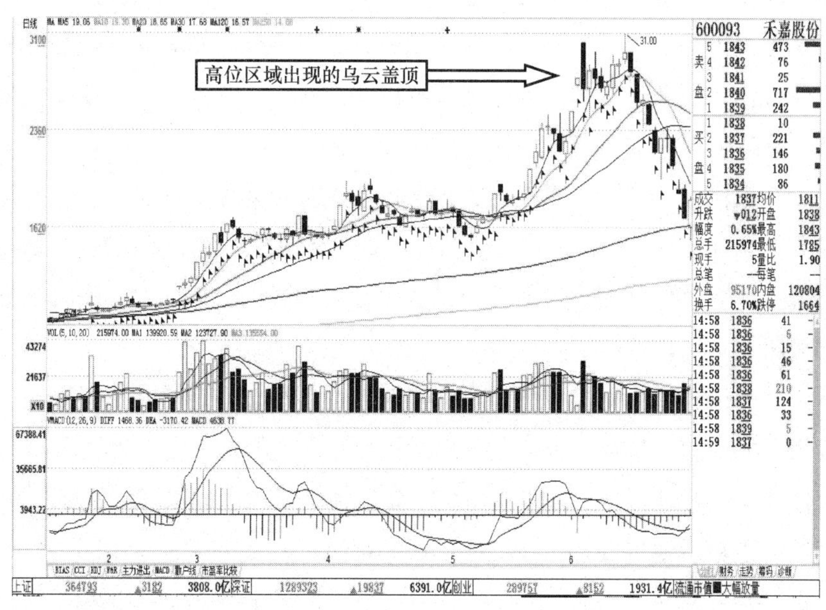

图 4-3　禾嘉股份（Ⅰ）

对于该股来说，新手往往很容易被套进去，虽然有些新手了解过这种形态的看跌功能，但毕竟在出现这种形态之后，股价并没有立刻走出一波下跌行情，而是在高位经历了数天的滞涨动作。

最关键的是，股价在这种滞涨中还伴随着间断性冲高的动作，正因为有了这种冲高的出现，才更加促使新手忘记了前面的看跌信号，甚至转向对后市股价看涨。

其实，这对于新手来说也是很正常的。在新手心目中，认为看跌信号也好，看涨信号也罢，一旦股价在第二天的走势里没有按照预期的方向运行，就会对这种预测功能加以全盘否定。

新手在该股中最容易被形成这种形态之前的两个涨停板所诱导，从图 4-3 中可以看到，在形成乌云盖顶的形态之前，股价连续两天出现了涨停的大阳线，但成交量却出现了萎缩。

股价涨停固然是好事，至少表明该股当天的走势是强势的，这一点毋庸置疑。但对于新手来说，关键的一点是不能仅盯着涨停本身去思考，而是要去思考涨停是出现在股价运行到哪个区域中。

倘若出现在股价进入高位区域中运行时，那么这种涨停就值得深思与谨慎了，这往往是主力出逃时诱多的一种动作，以此来吸引场外的资金入场接盘，从而实现出货的目的。另外，主力在高位出货时出现的涨停，并不一定非要是放量的，这一点也是很多新手的一个误区。

举一个很简单的例子，只要主力在涨停的过程中控制了抛售的节奏，是同样可以做到缩量涨停的。换言之，有些主力并非在涨停的过程中就派发大量的筹码，主力可以在诱多涨停之后，待场外的资金胃口被充分调起后，在后面的走势里再慢慢地抛售也是可以的。

对于新手来说，面对高位出现的涨停时要特别谨慎，一旦在接下来的走势里出现了看跌的形态，就如乌云盖顶一样，就要高度谨慎，不能掉以轻心。

从图 4-4 中可以看到，该股在高位出现这种乌云盖顶的 K 线形态后，经历了数天的滞涨走势后便引发了一波快速下跌的行情。

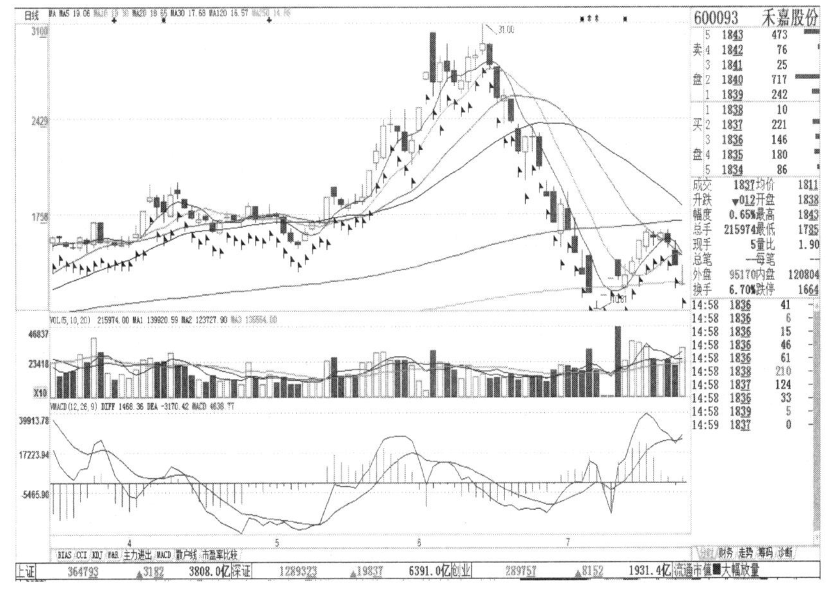

图 4-4　禾嘉股份（II）

通过上面的实例观察，下面就来看看，当新手碰到这种类型的个股时，在分析的过程中应该去关注盘面上的哪些要点。

场景解读

新手可以重点从以下这些要点去分析判断这种场景之下所形成的此类形态。

要点一：在滞涨中警惕自己

股价进入高位区域运行后，倘若出现了滞涨的走势，新手就要高度谨慎，不能轻易地认为这种滞涨只是一种洗盘行为。很多新手往往会在这一过程中受挫，无论是以反复性的宽幅度震荡形成的滞涨，还是以窄幅度的横盘式形成的滞涨，只要是在高位区域出现的，都值得去谨慎对待。

从图 4-5 中的东方金钰（600086）可以看到，该股在形成乌云盖顶形态之前，就出现了一段时间的滞涨动作，在滞涨的过程中股价出现反复性的震荡。

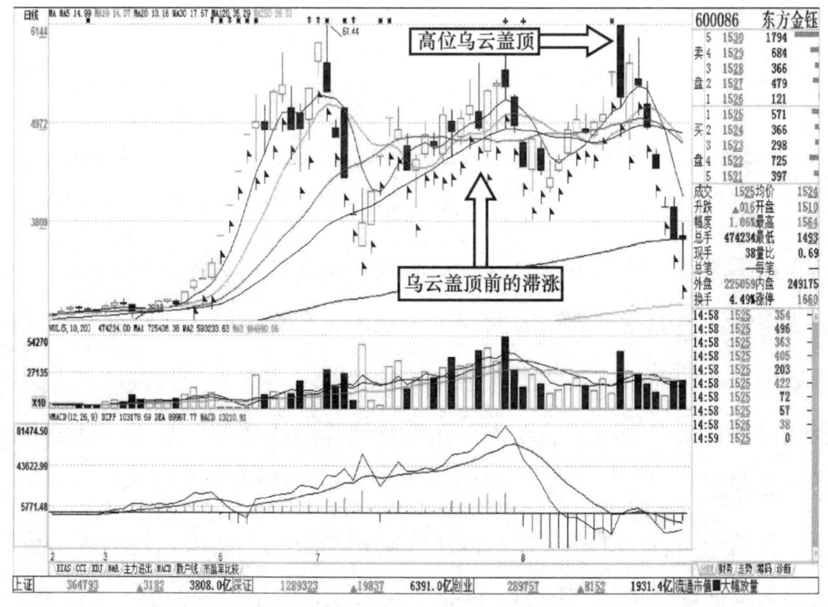

图 4-5　东方金钰（Ⅰ）

无论是在出现乌云盖顶形态之前，还是在此之后出现滞涨动作，都需要引起注意。高位出现的滞涨动作，就其本身而言就是一种看跌的预警信号，再加之高位的乌云盖顶的看空信号，一旦后续的做多动能无法及时跟上，那么股价很有可能在短时间内引发一波下跌行情，甚至是暴跌行情。

从图 4-6 中可以看到，股价在高位形成乌云盖顶的形态之后，很快就进入了下跌通道运行，而且引发了一波快速下跌的行情。

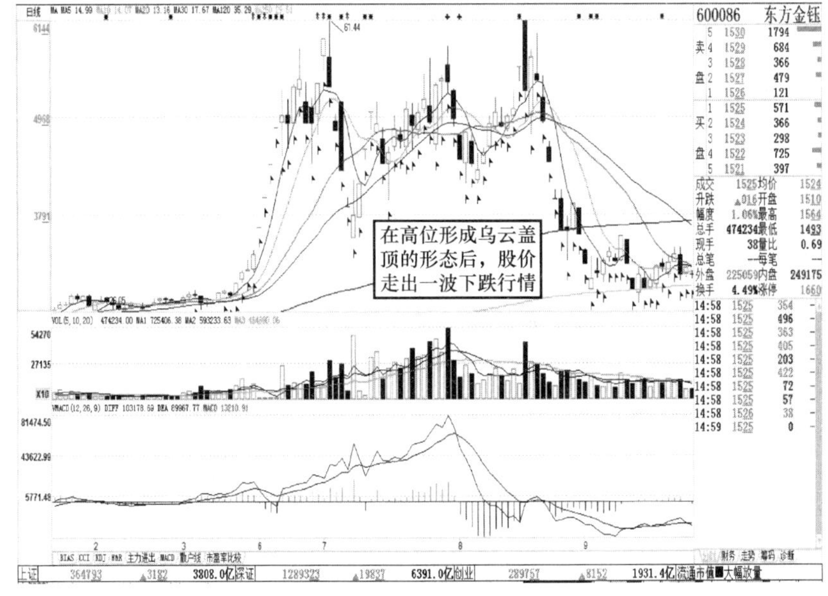

图 4-6　东方金钰（Ⅱ）

对于新手来说，从形态上看这种滞涨动作是比较容易的，但能否深入盘面细节中去思考，并提前预测到风险的存在，就不是那么容易了。有些个股在高位出现乌云盖顶形态的前后，虽然有滞涨动作的伴随，但对于一些狡猾的主力来说，也常会让股价再来一个冲高的动作，在这种动作的“辅助”之下，就更容易让新手在这上面栽跟头了。

要想在这个市场中生存下去，除了掌握形态表面上的辨识技巧外，更重要的是具备深入盘面细节的研究能力，这是一种意识，更是一种能力。无论哪个行业，入行容易、懂行难，股市也不例外。想要在这个市场中长期生存下去，并成为最后的赢家，那就必须具有深度耕耘的意识和毅力，深入细节去多角度思考，懂得结合并善于结合，方能在这个多变的市场中寻得属于自己的位置。

接下来就来看看，当面对在形成乌云盖顶形态前后出现的滞涨动作时，该如何深入盘面的细节中去研究，并觉察出主力资金的动态。

首先，关注在滞涨过程中，动态盘面上是否有故意掩饰的迹象。

在滞涨的过程中，会不时地出现向上对倒的动作，在分时走势图上将股价迅速地拉起，形成直线式拉升的走势，并且看上去似乎很强劲，但这种拉升只是脉冲式的，即无法持续，在分时走势图上出现突发性的上冲之后，很快就出现了回落，在回落中不断有主动性的抛压涌现。

这种对倒式的脉冲拉升，就是一种故意掩饰的动作，表面看起来似乎有主力资金在做多，但这种做多在很大程度上是用来吸引眼球的，往往是主力的故意诱多行为。尤其在出现脉冲式拉升之后，股价在分时走势图上呈现逐步震荡式的回落，在回落过程中不断有小手笔的卖单涌现，这个时候更要引起重视。这个回落的过程，就是主力在不断抛售筹码的过程。先通过前面的脉冲式拉升来吸引场外资金入场，再逐步地将自己的筹码抛售给他们。

再比如，在滞涨的过程中，倘若在买盘上不断地挂出大手笔的单子，而卖盘上挂出来的都是一些零散的小单。那么这种挂单动作也往往是故意掩饰的动作，主力真正要入场买进的话，是不会这样挂出来的，毕竟主力不想让散户发现他在买进。换言之，主力真正挂出大买单时，往往不是真心想买，更何况当时的股价还是处于高位区域运行的，结合这些方面去思考，不难发现主力真正的用意。

其次，在滞涨过程中，成交量的放大与萎缩其实并不是最核心的。

对于新手来说，尤其对于稍微懂一点量价关系的新手而言，是很容易进入这个过程的量价误区中去的。滞涨中的缩量，并不意味着主力就不可能在这个过程中实现出货，这是很多新手在思维上的误区，总认为出货就一定要大量派发筹码，进而促使成交量的放大。倘若有这样的固定规律的话，识破主力是否出货只要关注成交量是否放大就可以了，这显然是不成立的。

只要主力在滞涨过程中，不是集中式地抛售，或者滞涨只是主力用来出货的一个掩饰动作，那很有可能会在滞涨之后再集中式地抛售，这是很容易迷惑散户的，尤其是懂点量价关系的新手。

了解了上述所谈到的这些思维关系之后，当碰到滞涨中缩量的现状时，我们的分析思路应该再次回到盘面上是否有故意诱多性的动作出现上，倘若有这些诱多性的动作出现，即便是缩量滞涨也要高度谨慎。

同样是高位滞涨，有些人看的只是形态表面，而有些人却能透过表面进入细节动态的分析，进而悟出主力的做盘意图，同样是这个市场中的散户，有些散户能够最终留下来继续“战斗”，而有些散户却只能在埋怨声中离开。其实最终决定能否让自己留下来的并不是这个市场，而是我们自己，是我们自身的意识和理念，以及用心程度。

但愿每一位读者朋友都能有这种意识：进入这个市场容易，但在这个市场中成就自己或许就不那么容易了，倘若我们都能具备风险意识，并带着一份真诚和用心去参与这个市场，即便最终选择了离开，那也应该有属于自身的收获。

要点二：别在疯狂中葬送自己

在高位形成乌云盖顶的K线形态之前，倘若股价走出了一波加速拉升的行情，这种动作也是需要谨慎对待的，这种加速拉升往往是这波行情的最后疯狂。

从图4-7中的广州发展（600098）可以看到，该股在高位形成乌云盖顶之前，股价就走出了一波加速拉升的行情，但在形成乌云盖顶的形态后，股价直接引发了一波快速下跌的行情。

在加速拉升“助力”下的高位乌云盖顶，只要掌握好了其中的节奏，就能在疯狂拉升中获利，否则，那就只能在疯狂中湮灭。

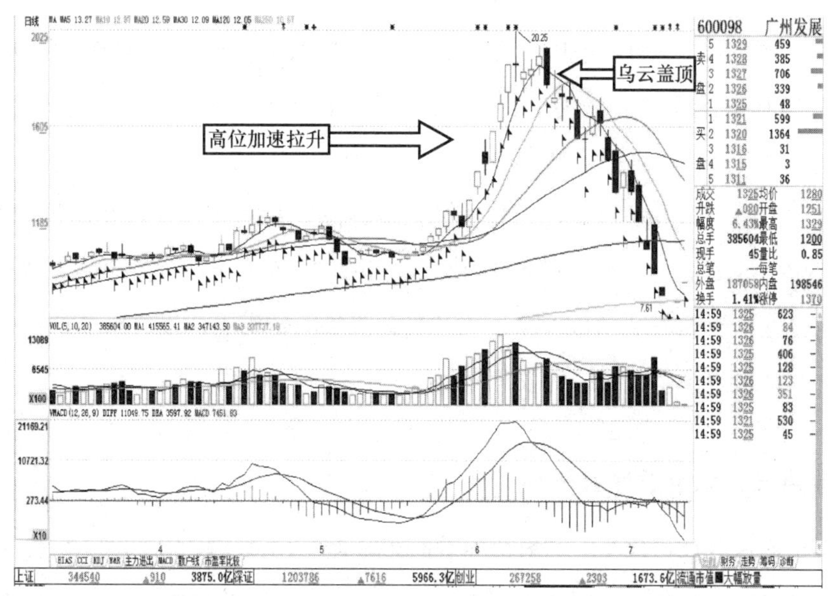

图 4-7　广州发展

对于新手来说，高位加速拉升之后形成乌云盖顶形态时，要尤其重视并回避的。一旦“踩雷”，往往损失惨重。

高位加速拉升的动作，一般情况下，往往表明主力在借机出货。主力并非一定是在加速拉升的过程中完成出货的，有些是在加速拉升之后还会出现一段时间滞涨的走势，这个滞涨过程就是主力出货的过程。

主力故意制造的加速拉升，很容易从它的盘面细节中察觉到。

一般情况下，倘若在加速拉升的过程中，盘中不断有向上对倒的动作出现，即股价基本上是被盘中出现的向上对倒单拉上去的，股价在分时走势图上时常出现直线式的拉升。有些时候在股价加速拉升的过程中，还伴随着频繁挂出大买单的动作。有这些细节迹象出现的话，基本上可以确定这种加速拉升是主力故意营造的，而非市场的真正行为。

要想在这个市场中生存下去，很多时候是需要定力的，大多数人都喜欢“疯狂”，只不过有些人会在疯狂中保持清醒并发自内心地去设防，而有些人则是在疯狂中麻木，在麻木中“葬送”自己。

对于参与到这个市场中来的每一个人，都渴望见到股价的疯狂拉升。关键是，当股价出现疯狂拉升之时，首先要搞清楚当时的股价是处于什么位置运行的。

高位的疯狂飙升是机会，同时也是风险。投资者持有这种类型的个股时，倘若能把握出局的机会，那就能享受到这一“盛宴”。而对于场外观望者来说，倘若无法承受这种诱惑而冲动地入场，一旦买到股价的转折点，很有可能把自己“葬送”进去，最终为主力做了嫁衣。

要点三：频繁下探要留心

股价在运行的过程中，频繁地在分时走势图上出现下探，并在日K线走势图上收出带下影线的形态，这种动作也是比较诱人的，尤其对于稍懂K线形态的新手来说更是如此。这种动作往往会误导新手们的思考方向，促使他们认为这是下档承接较强的一种表现。

在低位区域出现频繁下探并收出下影线的走势时，确实是下档承接较强的一种表现，但当这种形态出现在高位区域时，那就要另当别论了，这往往也是主力为了诱多而故意制造出来的一种假象。换言之，在高位形成乌云盖顶前后，倘若在日K线走势图上频繁地收出长长的下影线，那就要引起注意了，并把关注的焦点放在下影线的形成过程上。

倘若在形成下影线的过程中，股价在分时图上的下挫是以逐步震荡的形式跌下去的，换言之，股价的下挫是由于盘中出现了持续性的主动性卖单而导致的。而股价下挫之后的回升中，却不断有向上对倒的动作出现，促使股价在分时走势图上呈现直线式的回升。

在收出下影线的过程中，有上述这些迹象出现时，基本上可以确定主力在诱多，故意让那些稍懂K线形态的投资者认为这是有承接力的一种表现，进而对后市看涨。换言之，在这种环境下形成的乌云盖顶就要高度谨慎，后市股价往往会出现一波快速下跌的走势。

要点四：关注形态形成的本身

在前述中，我们谈到了形成这种形态前后的走势迹象，除此之外，我们还要结合形成这种形态当天的走势细节去综合分析和判断它。

收出乌云盖顶形态过程中，在形成这根大阴线时，股价基本上都是高开的。但高开之后的走势细节很重要，虽然在当天的走势中都是以大阴线报收的，但不同的过程有着不同的市场意义。

倘若在当天的走低过程中，股价在分时走势图上是逐步震荡下跌的，盘中不断有陆续的卖单涌现，但这些卖单几乎没有大手笔的（所谓的大手笔是相对而言的，即相对于当天的主流性卖单，没有多出主流性卖单一位数或以上。比如，当天的卖单都是几百手的，突然出现一笔几千手的卖单，那么这种卖单就是大单，换言之，这种卖单往往就是对倒的单子）。在震荡下跌的过程中，还时常伴有大手笔的买单挂出，但每当股价下跌到这些大单的位置附近时，这些大单往往会被自动撤掉。

以上述这种下跌的形式形成的大阴线是要谨慎对待的。换言之，这种形式形成的乌云盖顶，其看跌功能是很强的。在形成大阴线当天，整个下跌的过程往往就是主力出货的过程，这个过程的成交量可以是放大的，也可以是萎缩的，这并不重要。只要主力控制了出货的节奏，同样可以让成交量呈现萎缩的状态。

了解了这种形态的分析要点后，下面来看看，新手碰见这种类型的个股时应如何操作。

操作技巧

持币者：别在高位引火烧身

对于新手来说，股价进入高位区域运行后，形成这种乌云盖顶的看跌形态时，首先要把风险放在第一位。对于持币在场外观望的新手来说，这个时候是不能轻易入场参与操作的，虽说股价有再次冲高的可能，但其中的节奏往往是新手难以把控的，一旦失手，就会被深套其中。在这种风口上，新手是不能轻易去“点灯”的，在高位参与很容易“引火烧身”。

持股者

（1）大阴线之下不幻想

对于持有这种类型个股的新手而言，要懂得见好就收，尤其是遇到在高位走出了一波加速拉升行情的个股时。倘若在这根大阴线形成过程中，不断有主动性的卖单涌现，当天的股价在分时走势图上是以逐步震荡的形式下跌的，同时买盘上也频繁挂出大手笔的单子，每当股价回落到大买单的价位附近时，这些大买单都会被主动撤掉。

有上述这些迹象出现时，对于新手来说，在形成这根大阴线当天就应该清仓出局，这个时候不能对后市有过高的幻想。虽然股价还会有再次诱多冲高的动作出现，但这种诱多往往不是新手能把握到位的，一旦引发下跌的话，往往是暴跌的行情，这种暴跌往往会让新手措手不及。

（2）刻意护盘不跌也要走

有些主力在高位出货过程中“玩”得比较隐蔽，在形成这种乌云盖顶的形态后，股价并不会立刻出现明显的下跌。狡猾一点的主力会让股价在高位继续“游荡”些时日，以此来淡化散户对这种看跌的乌云盖顶所带来的影响，促使散户去忽视风险的存在。

在股价“游荡”不跌的过程中，往往会出现刻意护盘的动作，如在买盘上频繁挂出大手笔的单子，或者时不时地出现向上对倒的动作，但对倒之后股价很快又会回到原地，甚至继续向下震荡。

在盘面上出现上述这些迹象时，对于新手来说就应该及时清仓出局，这种护盘的动作往往是护不住的，即便之后股价会有一个冲高的动作，冲高之后出现暴跌行情也是大概率事件。

温馨提示：

在这种场景之下所形成的此类形态时，对于新手而言，是不能随意去碰的，更不能重仓。在出现滞涨现象后，对于持股者而言是不能过度恋战的，很多投资者不是没有风险意识，而是没有决心离开，总是留恋着前面的涨势，并惦记着后市还会有一定的上涨行情。正因为这种不该有的留恋与惦记，最终却让自己被深套其中。

场景二：反弹浪潮下的遇阻

在实战过程中，我们经常会碰到股价在低位区域启动一波强劲的反弹走势，这种走势对于新手来说，无疑是极大的诱惑。但在这个市场中，越是具有诱惑性的行情，危险越大，疯狂飙升的背后往往酝酿着巨大的风险。这一“潜规则”对于新手来说，是必须意识到并高度重视的。而乌云盖顶形态也往往会出现在这种反弹的行情之下，股价经历了一波强劲的反弹之后，突发性地形成这种乌云盖顶的形态也是常事。

在强势的反弹浪潮下出现乌云盖顶的形态时，对于新手来说，也是要高度谨慎的，这个位置的看跌功能不亚于高位时出现的乌云盖顶。在强势反弹之后形成这种 K 形态时，后市股价往往会出现快速下跌的走势。对于新手来说，一旦陷进去没有及时出来，亏损将是巨大的。

除了在低位区域出现的强势反弹中会形成这种乌云盖顶之外，股价在长期上涨之后的高位或者阶段性高位出现一波快速下跌后，在技术性的快速反弹时，往往也会形成这种乌云盖顶的形态。此时形成的乌云盖顶形态，同样具备很强的看跌功能，后市往往也会出现一波快速下跌的行情。

对于出现在强势反弹之后的乌云盖顶形态，下面先来观察一个实例，通过实例来进一步分析这种类型个股的盘面细节动态，并找出分析要点。

实例观察

例如冠城大通（600067）（见图 4-8）：该股当时就是在高位经历一波开始下跌之后，在快速反弹的过程中形成了乌云盖顶的形态，而后便引发了一波快速下跌的走势。

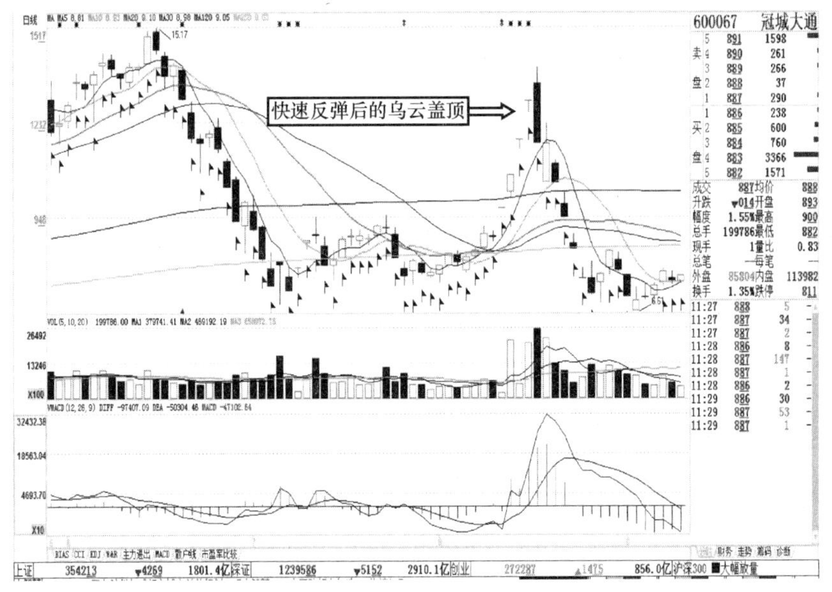

图 4-8　冠城大通

这种形式的反弹是很容易将新手套进去的，刚启动反弹的时候，新手往往会犹豫，但在连续强势的反弹过后，追高进去或将成为新手的常态。对于该股来说，一旦被套，新手很难在短期内采取补救措施，一是来不及，二是因不甘心而恋战，从而导致被深套其中。

下面来看看，面对这种场景下所形成的此类形态时，在实战过程中应该从盘面上的哪些要点入手进行分析判断。

场景解读

对于这种类型的个股，新手在分析盘面的过程中，可抓住以下要点进行分析。

要点一：别跟趋势较劲

股价进入下跌趋势中运行后，尤其是在下跌通道中经历了较大幅度的下跌后，股价出现反弹是常有的事，在这期间走出快速的反弹并不稀奇，毕竟超跌之后有技术性修补的需要，跌得越急，修补得就越快。这里所说的快，指的是在反弹的过程中反弹速度是较快的。

从图 4-9 中的广晟有色（600259）可以看到，该股当时就是在下跌趋势的快速反弹中形成了乌云盖顶的形态，随后股价继续沿着原有的下跌趋势运行下去。

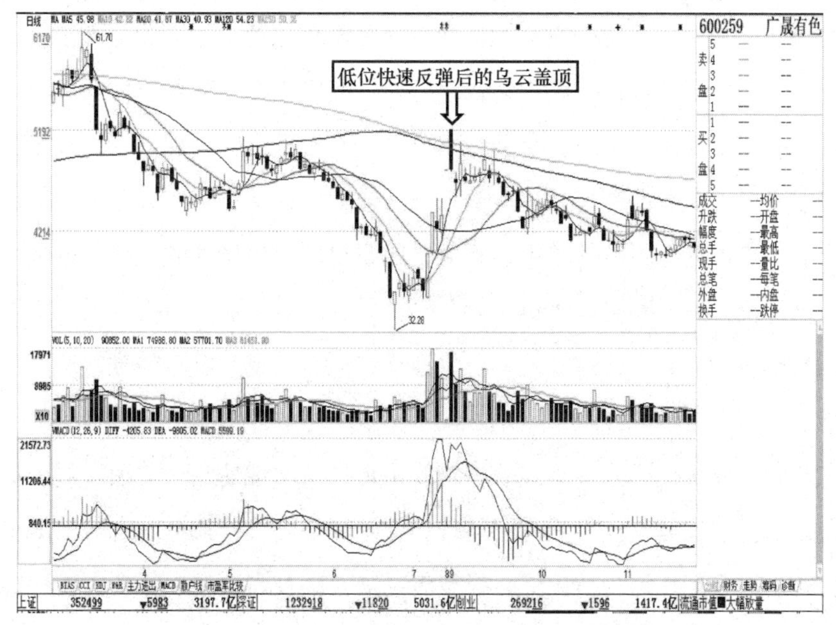

图 4-9　广晟有色

对于在低位反弹过后出现的乌云盖顶，新手要重点关注当时的运行趋势，在下跌趋势没有被明显扭转之前，突发性的快速反弹无法酝酿一波真正意义上的反转向上行情。

对于新手来说，或许对趋势这一说法不太理解，简单地说，当股价处于下跌趋势运行时，倘若股价没有在年线之上时，那么股价依旧是处于下跌通道运行的，即趋势还没有被明显扭转过来。

如上述实例一样，虽然股价走出了一波快速强劲的反弹，看上去似乎势不可挡，但当股价向上试图突破半年线和年线的压力时，却出现了遇到的阻力而促使股价在当天的运行中出现了大幅度的回落，并收出了乌云盖顶的看跌形态。

对于在这种“环境”之下形成的乌云盖顶，无论是在场内的新手，还是在场外观望准备入场的新手来说，都不愿意相信这波反弹行情会就此结束。正因为这种不愿意相信，才会心甘情愿地入场参与，或者说心甘情愿地继续持有，而导致最终被深套其中。对于新手来说，最怕有这种不愿意相信的情结，在这种敏感区域，建议宁可信其有，不可信其无。

对于新手来说，在每一次的操作中，保证不赔才是王道，要最大限度地去保证资金的安全，在低位出现的一切快速反弹，其实都在酝酿着巨大的风险，这种风险对于新手来说是完全没有必要尝试的。一是心理上输不起，二是技术上输不起，至于资金上能否输得起，那就要因人而异了。

当股价依旧处于下跌趋势中运行时，越是出现了快速性的反弹，就越要谨慎对待，这种反弹不是不可以“抢”，而是要谨慎“抢”。对于新手来说，在控制仓位的同时要注意节奏上的把握，一旦快速反弹之后出现了看跌信号，就要及时获利了结。

尤其是在股价反弹到半年线或者年线附近之后出现的乌云盖顶，倘若在形成乌云盖顶当天的过程中，不断有主动性的卖单涌现，股价在分时走势图上呈现逐步震荡式的下跌。在这种情况下，投资者是需要高度谨慎的，这个时候形成的乌云盖顶往往就是反弹终结的信号。

要点二：堆量之下防终结

股价在高位区域引发一波快速下跌之后，会迎来一波快速的反弹走势，这种反弹被称为超跌之下的技术性反弹，在这个过程中也时常会形成乌云盖顶的形态。对于这种条件下形成的乌云盖顶，投资者就要重视量价关系上的变化。

如图 4-10 所示的长春经开（600215），该股就是在高位快速下跌之后出现了技术性的反弹，在反弹过程中成交量出现持续性的放大，这种放大称之为“堆量”。

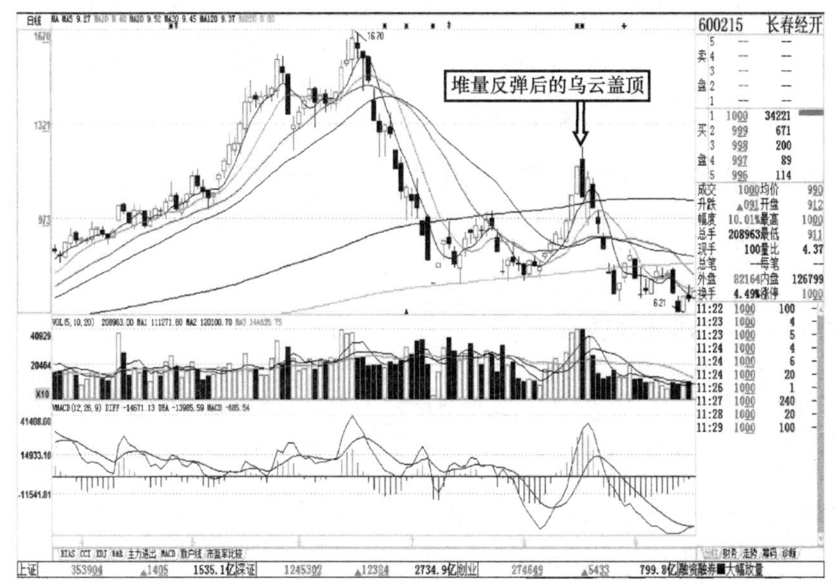

图 4-10　长春经开

之所以要重视反弹这个过程中的堆量行为，是因为这种反弹很容易在前期套牢盘的集中出逃后，以“快起快死”的姿态终结。如上面所谈到的实例（长春经开）一样，在堆量下的快速反弹之后，直接引发了新一轮的快速下跌，对于新手来说，一旦在反弹的高点“上了船”，恐怕要带着足够的郁闷“下船”了。

对于新手来说，当股价从高位快速跌下来之后走出一波快速反弹时，这种反弹是值得注意的，这种反弹可以参与，但是需要注意节奏和控制仓位。

这种反弹的背后至少蕴含着两个方面的潜在风险，一是短线投资者的参与，股价在高位“出发”经历一波快速的下跌之后，技术上是有反弹的需求的，正是因为这种需求的存在，对于经验较为丰富的短线投资者而言，往往会入场参与，这种参与更多的是以快进快出的姿态去布局的，从而导致反弹难以持续。

二是在高位被套的筹码中，经快速反弹后，也会出现一部分趁机解套或者止损出局的投资者，这种因素同样会阻碍反弹。

反弹过程量的堆积，更多来自以上这两个方面，一是短线资金的入场，二是当股价出现明显的反弹后，前期被套筹码不断外逃，并且在反弹初期入场参与的短线资金也在逐步地获利出局。对于这种持续性的、堆量性的反弹，新手是要格外谨慎的。一旦这种反弹的力度出现衰退，并伴随着看跌信号的出现，投资者就要引起高度的谨慎。

要点三：在滞涨中调头

上述谈到股价在经历技术性的快速反弹之后，往往会直接收出乌云盖顶的形态，而后引发股价继续走出一波下跌的行情。但当股价在高位快速跌下来后，走出一波快速反弹时，往往会先出现滞涨的走势，然后再形成这种乌云盖顶的形态。严格地讲，在这种情况下形成的乌云盖顶也是一种“变异”的形态，但它同样具有看跌的功能。

从图 4-11 中的城市传媒（600229）可以看出，该股当时就是在反弹之后的滞涨过程中形成了乌云盖顶的形态，随后股价便走出了一波快速下跌的走势。

这种滞涨是反弹动力丧失的一种表现，同时这种滞涨是在股价从高位出现快速下跌之后，在出现一波急速反弹后形成的。

在滞涨的过程中，盘面上往往会有明显的特征出现，那就是不断有主动性的卖单涌现，即不断有小单抛售。换言之，前期被套住的筹码，以及在反弹过程中入场参与的筹码，都在逐步地抛售，从而导致股价出现滞涨动作。

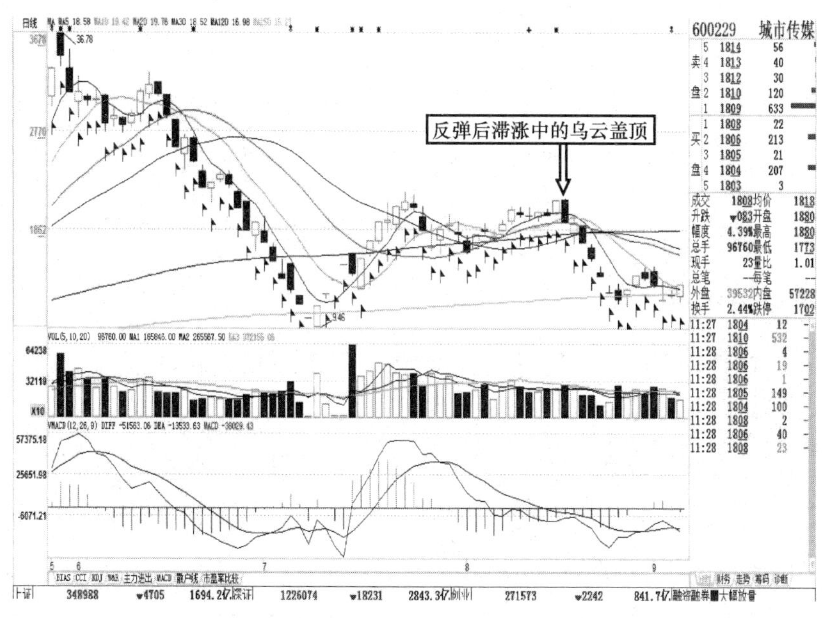

图 4-11　城市传媒

对于新手来说，要尤其注意这种滞涨过后的乌云盖顶，一旦股价出现下跌，往往是快速的下跌，这种下跌很有可能使新手措手不及，损失之大可想而知。

了解了这种类型个股的盘面要点分析后，接下来就来看看，碰到这种类型的个股时，在具体操作上有哪些技巧是可以参考的。

操作技巧

持币者：在敏感区中观望

股价在高位出现一波快速的下跌之后，会在迎来一波快速的反弹之后，在重要的技术压力位置附近形成乌云盖顶的形态，这个区域是一个敏感区域，也是压力较为密集的区域。

从图 4-12 中的云南城投（600239）可以看到，该股当时运行到半年线附近时，就形成了乌云盖顶的形态。

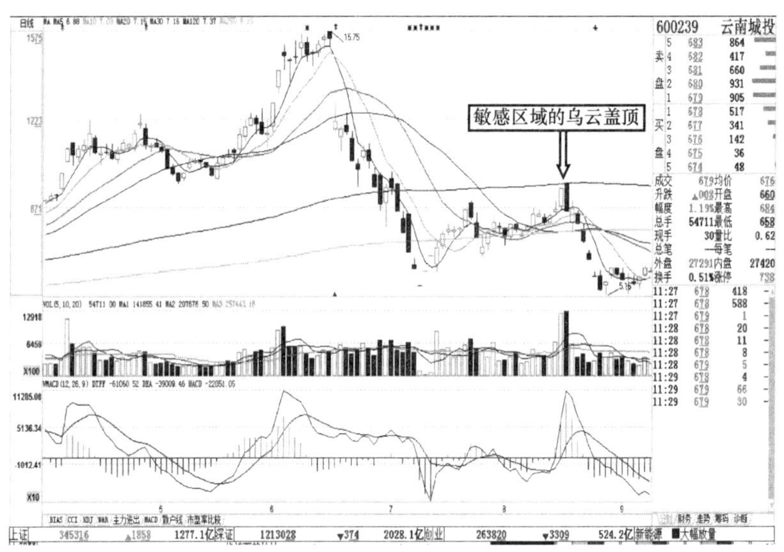

图 4-12 云南城投

对于心细的新手来说，在该股的操作上其实还是比较容易应对的。首先，该股是经历了一波快速的反弹，而后进入滞涨阶段运行的，这至少预示着股价经历这波反弹后，已经出现了反弹乏力的迹象。

其次，当时的股价已经运行到了重要的半年线附近，这附近积累了一定的前期套牢筹码，一旦出现看跌信号，势必会影响股价的继续上攻。

对于新手来说，倘若考虑到了这两个层面上的问题，那么对于持有该股的新手来说，应该先出来避开有可能出现的下跌。而对于在场外观望的新手来说，应该继续持观望的态度，在股价没有形成突破之前不要轻易入场参与操作。要让自己形成这种敏感性，在一些特殊的位置附近，以及在出现一些看空的信号时，要结合当时的盘面细节去综合分析。从盘面细节中体会到动向，只有发现了动向才能使自身敏感起来，敏感了才会谨慎。

持股者

（1）在放量中离开

放量并不一定是件好事，首先，必须看是在什么位置出现的放量。其次，在放量的过程中，要观察成交量是以什么形式释放出来的。

倘若在快速反弹阶段，不断有向上对倒的动作出现，从而导致成交量出现明显的放大，那么这种放大就需要高度谨慎。一旦股价经历反弹之后，收出了乌云盖顶的形态，对于新手来说最好在形成当天做出减仓的决定。倘若在随后的走势里，股价直接进入走弱阶段，那就应该做清仓处理，这个时候不要对后市有过多的幻想，应该把风险放在第一位。倘若在快速反弹之后进入滞涨阶段，在滞涨的过程中成交量出现持续性的放大，而且是由于盘中出现主动性的卖单而导致的，那就更要十分谨慎。

在这种情况下形成的乌云盖顶，会引发一波快速下跌的行情，倘若新手持有这种类型的个股，应该果断地出局，回避有可能出现的暴跌走势。

（2）别在冲动中深套自己

对于新手来说，最容易在行情经历一段疯狂之后失去理性，尤其是在快速反弹的过程中，倘若股价在反弹后即将向前一次的高点进发，这种冲动往往是难以让新手克服的。即使一些老手，有时也会在这上面吃亏。

从图4-13中的华电能源（600726）可以看到，当时股价在反弹到前期高点附近时，收出了乌云盖顶的形态，但在随后的两天里股价连续跌停，虽然后市也做了一波挣扎，但还是无济于事，最终仍是引发了一波快速下跌的行情。

对于这种类型的个股，新手在操作上就要格外小心，一旦后市反弹无力，就要果断出局，后市即便再美好，新手也不要去奢求，还是以回避风险为首要。另外，新手在碰到这种类型的个股时，在实战分析的过程中，重点关注以下几个重要的盘面细节。

首先，关注股价在快速反弹的过程中，尤其是在即将反弹到前一次的高点时，成交量是否出现持续性的放大。

倘若出现了持续性的放大，那就要注意观察成交量的放大是否由于盘中出现了大量的向上对倒单而导致的。或者股价在分时走势图上反弹到一定程度之后，便会呈现小幅度震荡的走势，在震荡的过程中不断有主动性的卖单涌现，从而导致成交量的放大。

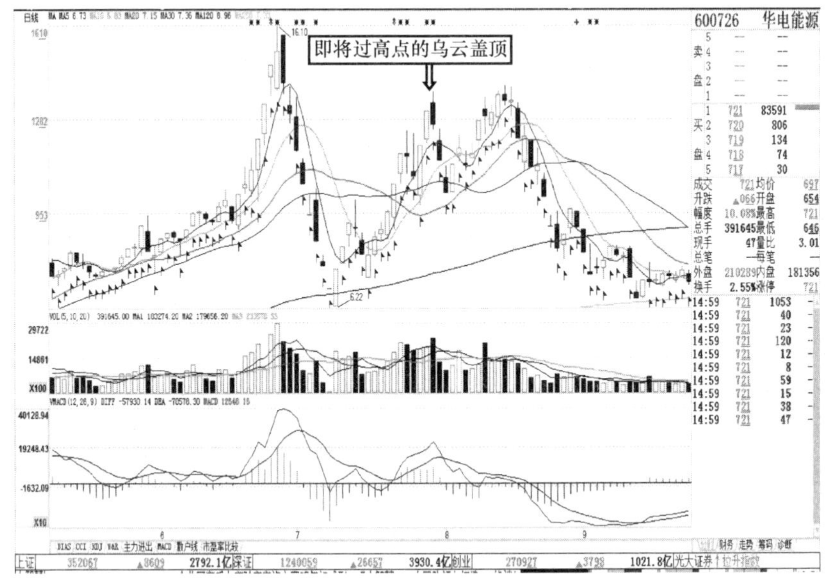

图 4-13　华电能源

倘若成交量的放大是以上述这些形式释放出来的，那么在随后出现乌云盖顶形态时，投资者就要高度谨慎了，一旦股价出现滞涨动作就要立刻出局。

这个过程中的成交量出现放大，至少预示着两个方面的问题，一是股价的上涨不是市场的本能，而是被对倒故意拉升上去的，换言之，这是一种诱多性的动作。一旦主力的对倒行为不再出现，股价终止反弹就是大概率事件。

二是主力或者入场参与反弹的筹码在不断出局，在分时走势图上股价处于小幅度震荡的过程中，不断有主动性卖单涌现，这就预示着有较为明显的出逃迹象。无论是以上哪个方面的问题，一旦股价在收出乌云盖顶形态之后出现滞涨动作，都很有可能引发一轮快速的下跌走势。

其次，要密切关注形成乌云盖顶当天的盘面走势动态。

倘若在形成乌云盖顶中的阴线当天，股价在下跌的过程中是以逐步震荡的形式来收出阴线的，同时在震荡的过程中不断有主动性的卖单涌现，并且在下跌的过程中，买盘上会频繁挂出大手笔的单子，每当股价下跌到挂出的大买单附近时，这些大单都会被自动撤掉。

有上述这些细节出现时，往往预示着盘中出逃筹码明显，一旦股价反弹到前期高点附近受阻，极易引发新一轮的下跌行情。

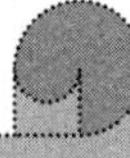

温馨提示：

在这种场景下所形成的此类形态，对于新手而言，最关键的是让自己“安静”下来，不要轻易去躁动。尤其在此之前走出了一波快速拉升的动作时，一看到一根阴线回落，往往会认为是入场的好时机，这种躁动会让自己付出代价。对于持币者而言，一定要深入到盘面的细节上去观察，确定方向后方能出手。

新手导语

对于新手来说，要懂得分析趋势，尽量让自己的思维进入一个更为宽阔的视野中去思考问题。倘若能带着这种思维去研究 K 线形态，那就不会将目光放在一两天内的走势上去纠结。趋势的变化往往不是一两天就能形成的，一般都会提前酝酿，而一些 K 线形态的信号功能往往是对这种酝酿的预测。

如在高位出现的乌云盖顶形态一样，有些时候股价虽然并不一定会立刻出现明显的下跌，但一旦形成这种形态之后出现滞涨动作，作为新手来说，就要高度谨慎，这个时候是不适合过度恋战的。换言之，出现这种形态之后，虽然股价没有立刻出现下跌，但这往往是一轮下跌行情的酝酿过程，一旦下跌趋势形成，就会引来一波快速下跌的走势，之前上涨得越凶猛，后市跌得也越猛烈。

股价进入高位区域运行，倘若形成乌云盖顶之后，股价并没有立刻出现下跌的走势，那么新手是最容易被麻痹的，尤其是在稍作滞涨之后，再来一个较为猛烈的冲高动作时，或许这个时候心里面没有丝毫的风险意识了。

高位出现乌云盖顶之后，倘若股价出现了明显的滞涨走势，同时在滞涨的过程中，买盘上如果频繁地挂出大手的买单，那么基本上可以确定，股价即将见顶，挂出来的大买单都是假象，误导散户往买盘积极的方向上去思考。

这个时候不能仅盯着成交量，即便是缩量，主力也同样可以实现筹码出逃，只要控制好出货的节奏就可以了。在这种情况下，倘若股价在经历滞涨之后，再来一个冲高的动作，那么这个时候就不要考虑入场买进了，而是一旦股价失去冲高的动力，就要清仓出局。

有些事情来得太快，并不一定是好事。股价依旧处于下跌通道运行时，且在没有任何铺垫性整理的前提下，股价突发性地启动一波快速的反弹走势后，形成乌云盖顶的走势形式时，新手也要谨慎对待。

在这个市场中，当大家都看到了涨势时，往往就是风险最大之时，或者在酝酿风险的途中。对于这种在下跌通道中，没有经历任何蓄势整理的快速反弹，一旦盘中出现这种乌云盖顶的形态，新手最好不要去参与。一旦被套，那往往就是深套。

第五章　在向上跳空中寻找机会

在 K 线形态中，向上跳空的走势也是时常会出现的，这种 K 线形态一般出现在股价处于明显的上升通道时，当然，也有极少数的会在下跌通道中出现。仅就这种形态本身而言，它预示着盘中的做多意愿较为强烈，具有看涨的功能，但具体的市场意义，还要根据当时的盘面走势动态，以及当时的整体环境来定。

股价进入明显上升通道运行时，或者在股价底部反转的过程中，在某一天里股价突然以高于前一天的最高价开盘，从而使前一天的最高价与当天的收盘价形成了一个缺口，并且在全天的运行中这个缺口没有被填补，或者没有被完全填补，这个缺口称为向上跳空缺口，形成的这种形态被称为"向上跳空"。

标准的"向上跳空"是由两根不带上下影线的阳线所组成，也就是说前一天收出来的是一根上涨的阳线，而后一天收出来的也是一根阳线，并且在这两天的走势中，股价当天的开盘价就是当天的最低价，而当天的收盘价就是当天的最高价，如图 5-1 所示。

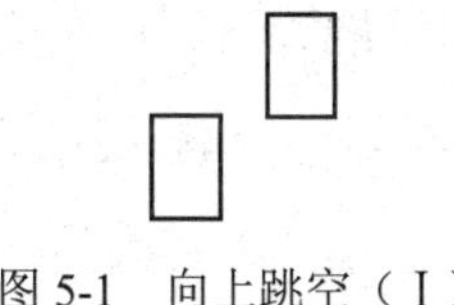

图 5-1　向上跳空（Ⅰ）

在变异的"向上跳空"中前后两天收出来的 K 线都可以带有上下影线，但必须在前一天的最高价和后一天的最低价之间留有缺口，它和标准的"向上跳空”具有同样的市场意义，只不过发出来的信号稍微弱一点而已，如图 5-2 所示。

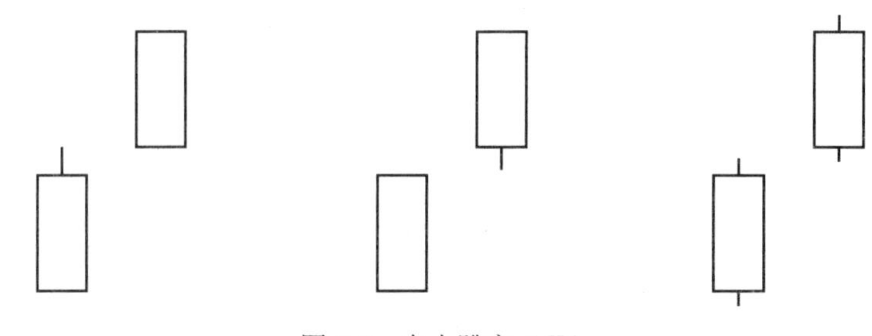

图 5-2　向上跳空（Ⅱ）

如果前一天收出来的是一根阴线，或者某一天收出来的是一根阴线，甚至两天收出来的都是阴线的话，那么算是“向上跳空”吗？只要它们之间当天留下的缺口没有被回补，或者没有完全被回补，就是“向上跳空”形态，如图 5-3 所示。但它们的市场预测信号是比较弱的，特别是在两天都收出阴线的情况下。

图 5-3　向上跳空（Ⅲ）

从这种形态的形成过程中，就能看出股价在第二天的运行中买方力量明显要强于卖方力量。但对于股价的后期走势影响，还要结合当时股价所处的运行位置，及其当时的盘面细节动态来综合判定。在不同的场景之下，它所代表的市场意义往往也是不一样的。

下面给大家系统地介绍这种向上跳空形态在不同场景之下所代表的市场意义。

场景一：反攻的试探

股价在经历长期下跌之后，进入低位区域运行时，有些时候也会突发性地出现向上跳空的 K 线形态。此时出现的向上跳空，一方面预示着股价在当天运行过程中，做多热情出现了较为明显的增强；另一方面则预示着股价经历长期下跌之后，有试探性地向上形成反攻的意图。

但最终这种试探性反攻，能否形成真正意义上的反转行情，还要对盘面走势迹象做进一步的观察分析。有些试探性的反攻，最终只是一种反弹而已。这种反弹往往也会较为强劲，对于新手而言，倘若在操作上能够把握好这种反弹的节奏，在短期内也能博取较为丰厚的收益。

下面先来观察实例。

实例观察

例如陆家嘴（600663）（见图 5-4）：该股当时在经历一波长期下跌之后，在低位区域反复整理后，便出现了向上跳空的走势，这一跳空动作促使股价走出了一波反攻行情，股价在短短数天内出现了连续封涨停的现象。

仔细观察该股当时在日 K 线的走势图，不难发现在向上跳空之前，股价已经脱离了下跌趋势的压制，即股价向上刚好突破了半年线及年线上的压制，这为后市股价的继续上攻提供了有利的前提条件。

另外，该股在出现向上跳空形态之前，股价在低位区域也经历了反复整理，这种整理给场外观望的资金带来了信心。一般情况下，股价走出一轮长期并且是大幅度下跌行情之后，倘若能在低位区域经历反复性的整理，那么这种整理往往是一种筑底的动作，或者是一种构建阶段性底部的动作，这就为入场参与抢反弹行情的资金提供了支撑性的入场理由。

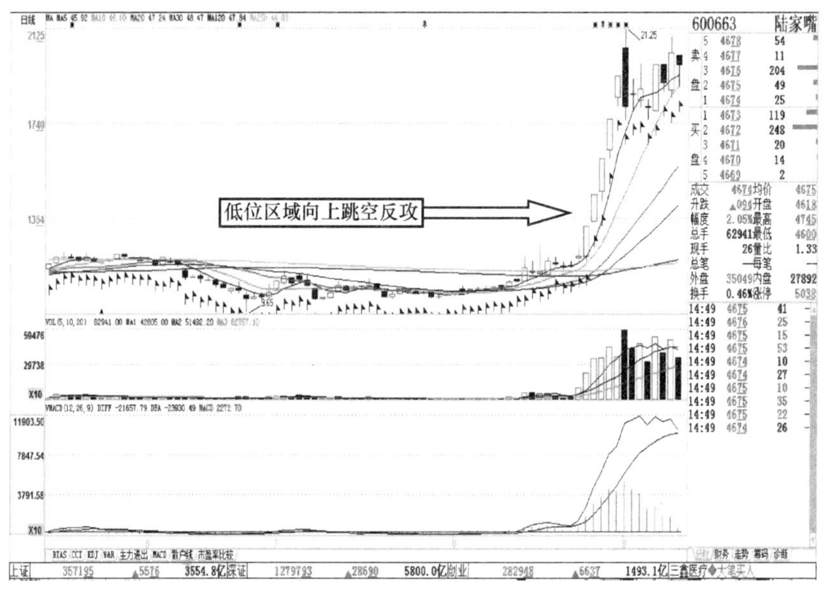

图 5-4　陆家嘴（Ⅰ）

这种跳空走势在实战中是很常见的。对于在低位区域经历了充分蓄势的个股，一旦向上形成跳空，场外资金的做多热情被激发，那么启动一轮较为强劲的反攻行情是很正常的。从图 5-5 的走势中，可以看到股价随后走出了一波拉升的行情。

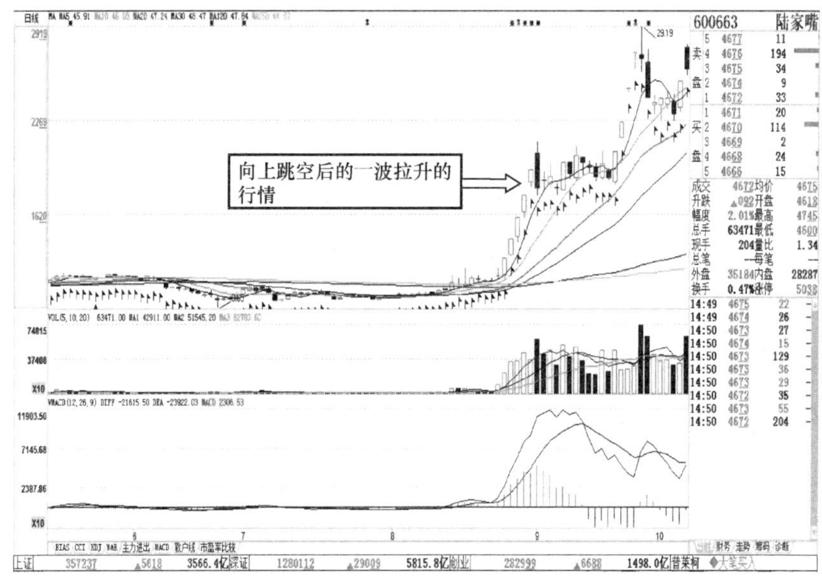

图 5-5　陆家嘴（Ⅱ）

新手需要注意的是，不是所有的在低位区域形成的向上跳空，后市就一定能够走出一波快速的反弹，或者反转的行情。有些也仅是试探性或者象征性的跳空而已，后市股价的走势并不会改变其下跌的命运。

那在实战过程中，又该如何去判定低位区域出现的向上跳空呢？

下面就来深入地谈一谈，在这种场景之下，需要抓住盘面上的哪些要点进行综合性判断。

场景解读

对于这种类型的个股，新手们在分析的过程中，可抓住以下这些盘面要点，及其细节上的变化，进行深入的思考和判断。

要点一：酝酿动作很关键

在一轮下跌行情过后，市场做多的信心要得到恢复的话，那么市场往往需要一个筑底的过程，以给投资者树立应有的信心。只有让场外一直处于观望的资金感到市场的止跌筑底动作，才会调动他们的积极性，促使一部分资金入场参与。有了这种参与后，只有反弹或者反转行情才有可能被点燃。换言之，当碰到低位区域出现的向上跳空形态时，作为新手，首先要密切关注，在形成向上跳空形态之前，股价在低位区域是否经历了充分的蓄势筑底动作，这一动作是很关键的。有了这一动作的出现，才能让场内场外的投资者感触到止跌的希望，带着希望去参与。

止跌筑底的酝酿动作也有多种形式，有些是以横盘的形式来完成的，即在低位区域出现一段时间的窄幅度震荡的走势。

对于以横盘的形式出现止跌酝酿的个股，新手要关注这个过程中的细节变化，并不是只要出现了横盘，就一定是真正意义上的止跌筑底式酝酿。其关键是要看在这个过程中，盘面上是否有异动动作或者故意干涉性的动作出现。

异动和干涉性的动作，其实也是很容易识别的，只要投资者能仔细观察当时的动态盘面，或者用心查阅当时的静态盘面，都能较为轻松地觉察到。

所谓异动动作，就是在横盘的过程中，股价在分时走势图上会时常出现冲高或者下挫的动作，冲高或者下挫的幅度相对较大，这个相对是针对当时股价窄幅度震荡而言的。而且无论是冲高还是下挫，都是因为盘中出现了对倒单而促使的。这种异动动作说明盘中是存在主力资金的，在股价低位横盘的过程中，异动得越频繁，对后期走势就越有利。有些时候，一笔小单也可以促使股价出现冲高或者下挫动作。倘若反复出现这种小单异动，那就预示着该股的主力资金已经达到了一定程度的控盘，筹码被主力相对地锁定了。

干涉性动作就更容易理解了，上述所谈的异动动作，也是干涉性动作的一种。除此之外，在低位横盘止跌酝酿的过程中，卖盘上往往会较为频繁地挂出大手笔的单子，而买盘上挂出来的都是一些零散的小单。这就是一个明显的干涉性动作，如果真有这么多筹码急于抛售，那是不会如此有耐心地在同一个价位上挂出来排队的。

在不断有大卖单挂出的前提下，股价依旧能维持窄幅度的震荡，那至少预示着这个阶段已经出现了惜售的现象，即做空能量得到了一定程度的释放。换言之，至少是阶段性止跌迹象较为明显。

阅读到这里，或许有读者就会思考一个问题，倘若在买盘上出现较为频繁地挂出大买单的动作，而卖盘上却几乎没有出现大单，是否为故意干涉动作呢？

首先，从动作上而言，这肯定是干涉性动作。

其次，对于这种干涉性动作，需要从另外一个层面去思考和解读它。

这其实是一种托单的干涉性动作，从某种程度而言，这就是承接股价不让其继续下跌的一种动作。对于这种动作，我们需要谨慎对待。

一是要意识到，股价的止跌仅依靠这种故意性的托单，难以让股价完成真正意义上的筑底止跌的任务。盘中做空能量必须得到了有效并充分的释放之后，同时做多热情也出现较为明显的回升时，才有筑底成功的可能。

二是要注意到，这种挂大单的现象在主力出逃时也会出现，即在主力出逃的过程中，往往也会采用这种手法来掩饰自己抛售筹码的真相，当散户看到买盘上有大单挂出后，就会误认为是买单积极的表现，从而入场去接盘。

因此，对于新手而言，倘若碰见在低位区域形成向上跳空形态之前，股价在酝酿止跌筑底的过程中，一开始就在买盘上频繁挂出大单，此时投资者就要高度谨慎。在这种情况下出现的向上跳空，是不能急于去入场参与的，待其在接下来的一段时间里，股价平稳走强后再去参与也不迟。

上述我们谈到的是以横盘的形式来酝酿止跌筑底的，还有一种是以反复震荡来酝酿止跌筑底的，这种形式的震荡波动幅度会相对较大。

图 5-6 中的华贸物流（603128），当时就是经历了反复震荡的酝酿止跌筑底动作，随后在半年线和年线之上形成了向上跳空的走势形态，并迎来了一波快速拉升的动作。

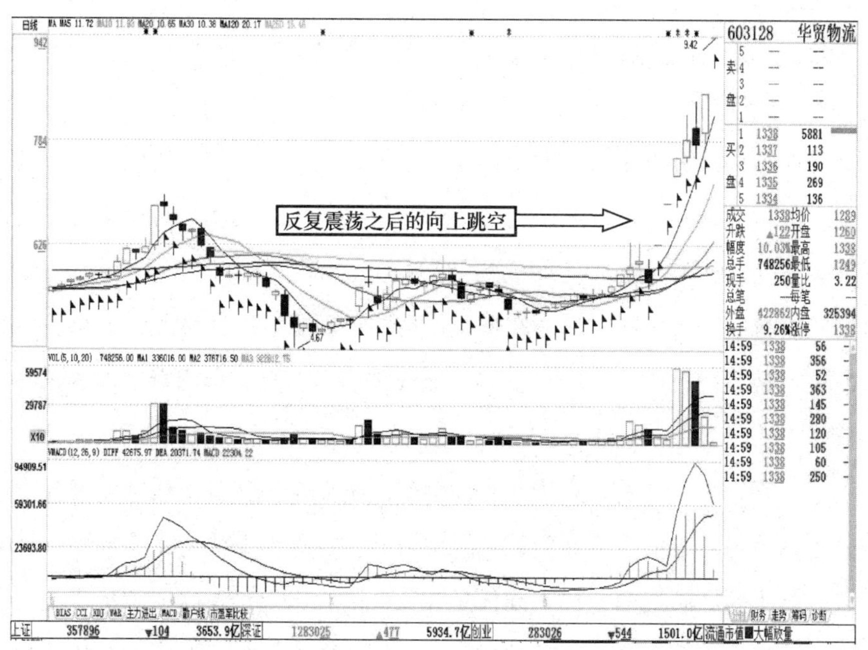

图 5-6 华贸物流

股价经历了一波长期的下跌之后，在进入低位区域运行时，在日 K 线走势图上倘若出现了反复性的较大幅度的震荡，对于新手来说，也是值得密切关注的，在这种震荡之后形成向上跳空的走势形态后，往往也会迎来一波较为可观的上涨行情。

对于以震荡形式形成酝酿止跌筑底的个股，新手在分析的过程中，只要抓住一条主线就可以了。

那就是关注股价在日 K 线走势图上向上震荡到一定程度之后，以及向下震荡到一定程度之后，盘面上是否有干涉性的动作出现。

这里所说的干涉动作主要包括两个层面，一是以挂大单的形式干涉，二是以对倒的形式干涉。换言之，当股价在日 K 线走势图上向上震荡到一定程度之后，盘面上就会挂出大手笔的卖单，以此来压制股价继续上行的空间。或者直接以向下对倒的形式来打压股价，促使股价向下调头并进行向下震荡。同样，当股价在日 K 线走势图上向下震荡到一定程度之后，盘面上会挂出大手笔的买单，以此来封住股价的下跌空间。或者直接以向上对倒的形式来拉升股价，促使股价向上调头并进行向上震荡。

倘若在震荡的过程中，盘面上出现了上述这些细节动作，同时随着震荡的延续，盘中的主动性抛压也越来越稀少，那么这种震荡筑底就是有意义的，是值得去重点关注的，通常所说的箱体震荡就这种形式的震荡。即在主力资金的干涉下，迫使股价维持在一个区间运行。在低位出现这种现象时，往往预示着该股是有主力入驻的。换言之，在这种情况下向上形成跳空形态时，预示着主力在试图向上拓展行情。

对于新手来说，一定要意识到盘面细节的重要性，在分析研究的过程中，不要仅停留在形态的表面上，而应该深入细节并重视细节变化所带来的不一样的市场意义。如上面所阐述的一样，同样是在低位区域出现了止跌的走势，但在止跌过程中所流露出来的细节不一样时，它所迎来的后期走势也是不一样的。换言之，有些止跌筑底只是一种象征性的动作而已，无法形成真正意义上的止跌。

要点二：起跳很关键

上述谈到了，在低位形成向上跳空之前，酝酿止跌筑底的动作很关键。除此之外，在低位区域形成向上跳空形态时，“起跳”位置也是很关键的。

先观察一下图 5-7 中的金钼股份（601958），该股当时也是在低位区域形成了向上跳空的形态，但这种跳空对于新手来说，往往很容易陷进去。

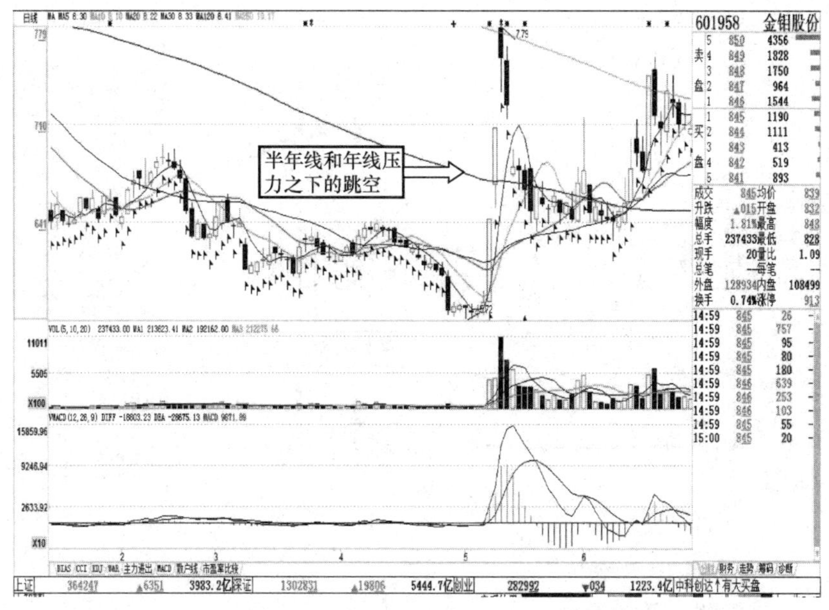

图 5-7　金钼股份

仔细观察该股当时的日 K 线走势图后，相信大家不难发现当时的股价在向上形成跳空之后，直接面临着半年线和年线的双重压力，从技术角度而言，倘若这种向上跳空在没有做好充分准备的前提下，是难以一步到位地向上形成突破的，该股随后的走势也验证了这一点。换言之，如果目标个股在低位区域没有经历充分的止跌筑底，同时又是在股价处于半年线或者年线的压力下开始“起跳”的，这种形式的向上跳空只是试探性的试图突破，新手不能急于入场参与。尤其是在半年线以及年线的双重压力之下“起跳”而形成的向上跳空，除非当时的股价在低位区域经历了反复的止跌筑底。

对于在这种位置附近“起跳”的，倘若在“起跳”之前的盘面走势上流露出了主力控盘较集中的迹象，即在低位整理或者回升的过程中，在卖盘上不断有大手笔的卖单压制之下，股价依旧不会下跌，甚至能呈现稳步回升，同时在“起跳”之后，股价在向上形成突破当天及在接下来的一两天的走势里依旧能呈现平稳向上运行的走势，那么这种向上跳空也是值得关注的，如图 5-8 所示的上海临港（600848）。

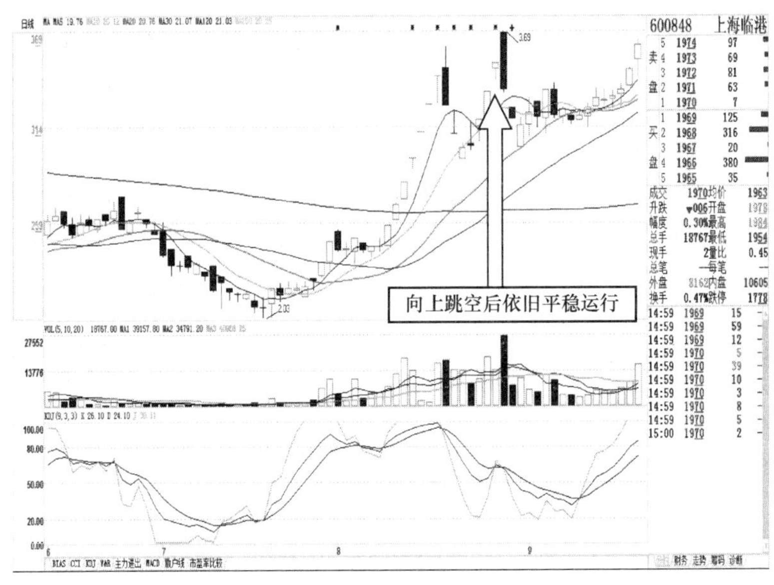

图 5-8　上海临港

要点三：是否遇阻很关键

在上面的阐述中，重点谈及了在出现这种向上跳空动作之前，盘面上的走势迹象问题。但对于向上跳空当天，甚至在跳空之后的第二天里，股价运行过程中的细节变化也是很关键的。

倘若在向上跳空当天，股价在分时走势图上的运行较为平稳，没有出现大起大落的走势，即便在当天运行过程中，卖盘上不断有大手笔的单子挂出，股价也依旧能稳健地向上保持着攀升的势态，在这种情况下，至少表明股价向上形成跳空之后，做多热情被有效地调动起来了，倘若通过跳空之前的走势迹象确定了该股是有主力入驻的，那么这种类型的个股是值得新手密切关注的，后市往往会走出一波上涨行情。

相反，倘若在跳空当天，股价在分时走势图上不断冲高受阻回落，同时在回落的过程中主动性抛压也比较大，则至少预示着跳空之后，场外资金依旧存犹豫着，同时场内筹码了结的现象也较为明显。

在这种情况下，即便股价在跳空之前经历了蓄势整理动作，对于新手来说也是需要谨慎的，这种跳空往往是试探性的，在受到阻力之后往往还会有一个继续整理的动作出现。

当股价处于低位区域运行时，出现了向上跳空的形态之后，在分析判断的过程中，新手可综合参考以上谈到的这些要点去进行分析。

那接下来我们就来看看，对于这种向上跳空的个股，新手在实战操作过程中该如何去把握它。

操作技巧

持币者

（1）看好了再动

对于很多新手而言，最难做到的就是安静地做一个看客。尤其是在碰到股价出现突发性地走强时，往往难以静心去观察盘面细节，而是直接绕过观察这一环节，直接入场参与。

当新手碰到这种在低位区域出现向上跳空的走势形态时，一定要先仔细观察当时的盘面细节，以及股价在出现这种跳空之前的走势形态，待确定了该股有主力入驻时，并且当时的股价运行上方没有临近阻力位，最后再去确定操作策略的问题。而不是一看到股价跳空走强，就盲目地入场追进，这种冲动是会吃大亏的。

（2）在稳步攀升中入场

在低位区域形成向上跳空之后，倘若通过盘面的细节分析，确定有主力入驻，同时当时的股价又是远离重要的技术压力位置的，如远离半年线或者年线的压力，甚至已经向上成功突破了这些压力位，这个时候，新手就要密切关注形成向上跳空形态当天股价的运行动态。倘若当天的股价在分时走势图上呈现稳步的攀升，即不是大起大落的波动式冲高，同时在稳步攀升的过程中，主动性的抛压也较为稀少，在这种情况下，新手就可以适当地入场参与，但最好以轻仓的形式去入场，待后市走稳后再逐步加仓。对于新手来说，首先要做的就是让自己尽量少赔，而不是在每次操作中总想重仓获取更大的收益。

另外，在股价稳步攀升的过程中，倘若卖盘上频繁挂出大单，而买盘上挂出来的都一些零散的小单，这种迹象并不可怕，反而是好事，只要当时的股价依旧能维持原有稳健的走势向上拓展空间，那么后市股价极有可能走出一波上涨行情。

（3）不碰风险大的跳空

对于新手来说，在实战过程中，以下几种情况下的跳空尽量不要去碰它。

一是在低位跳空之前，股价没有经历任何的蓄势止跌，或者说是筑底的动作，这种情况下的跳空往往仅是技术性的反弹而已，这种反弹对于新手来说，其节奏是难以把握的，风险是较大的。

二是在股价运行到重要的技术压力位置附近，如半年线或年线附近时，出现了向上跳空，即当时的股价及处于这些重要技术压力位置之下运行的，这种跳空对于新手来说，至少在跳空当天是不能急于去参与的，这种形式的跳空往往会使股价进行调整，没必要去冒险入场获取其中的收益。当然，除非在向上跳空之前，股价在这种重要的技术压力位置之下进行了长期充分的蓄势整理。

三是受到突发性的利好消息刺激下出现的向上跳空，同时在向上跳空当天，股价在分时走势图上呈现剧烈的震荡，成交量也明显放大。这种形式的向上跳空，对于新手来说也不要轻易去参与，一旦利好的消息在当天就被消化，那么跳空之后极易引发股价回落。

四是对于那些连续开盘就封涨停的跳空，即在连续涨停之后涨停板被打开，甚至出现回落的迹象，此时新手也最好不要去碰它。这种类型的个股在经历连续性的开盘就封涨停的拉升后，一旦涨停板被打开，也会引发一波下跌行情。如图 5-9 的零七股份（000007），该股当时就是以开盘就连续封涨停的形式向上跳空的，但在随后的涨停板被打开之后，便迎来了一波调整行情。新手切忌在涨停板被打开之后入场追进。

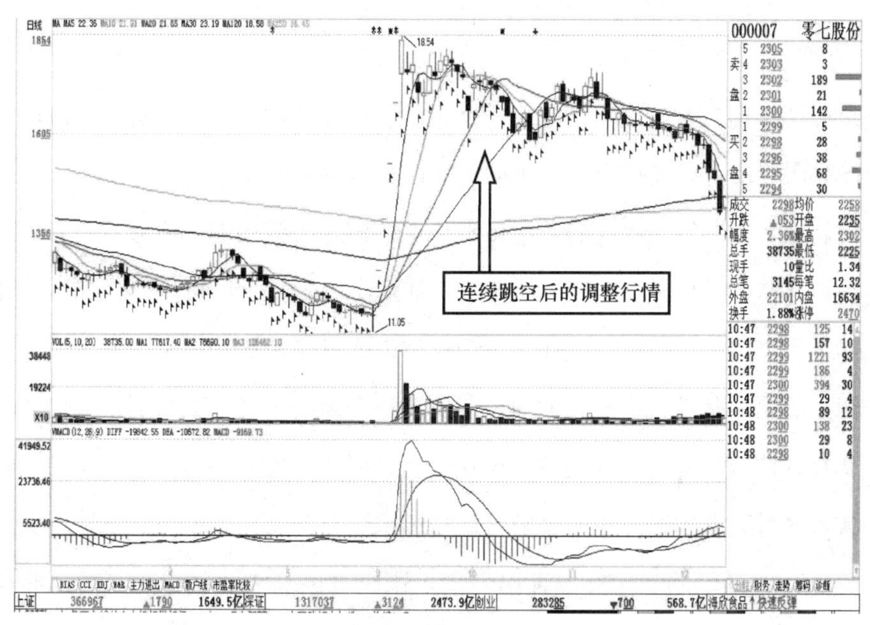

图 5-9　零七股份

持股者

（1）在有铺垫中持有

对于这种类型的个股，“起跳”是需要有前提条件的。换言之，对于持有该股的投资者而言，一是要关注在“起跳”之前是否有整固铺垫的动作出现。

二是要关注在整固的过程中，成交量是否有萎缩的迹象，有萎缩出现才预示着整固到位，当然，故意对倒而促使成交量放大的除外。

三是要关注“起跳”之后是否运行得轻松，即在向上跳空当天的运行过程中，股价在分时走势图上是否能呈现出稳步攀升的势头，而不是大起大落。

只有满足以上这些前提条件时，持有该股的投资者才可以继续持有，等待其后期的上涨。这种类型的个股，在“起跳”之后往往是不会再次进入调整阶段运行的。

（2）在“试跳”中择机回避

当股价运行到重要的技术压力位置附近，如半年线或者年线附近时，这种向上跳空的动作也会时常出现，无论是持币者，还是持股者，都要密切关注这个过程中的抛压程度，以及这个过程中的主动性买单情况。

倘若在“起跳”之前，股价已经经历了一波较为强劲的反弹行情或者幅度较大的反弹行情，同时又没有经历任何的休整动作，在这种情况下，如果在“起跳”的运行过程中，盘中的主动性抛压较为沉重，而且当时股价向上跳空之后在分时走势图上的上冲是被盘中出现的向上对倒单拉升上去的话，那么后市一般会出现一波调整行情。持有该股的投资者在这个时候应该考虑先出来回避可能的调整风险，或者通过减仓的操作策略来应对这种技术性回调。

另外，在下跌趋势中突发性出现向上跳空时也是需要区分对待的，即在股价处于下跌趋势运行时，在没有经历任何的筑底行为，或者止跌行为之前突发性地在某一天里出现向上跳空的动作，这个时候的向上跳空往往是技术性所需，换言之，这种情形之下的向上跳空难以迎来一波反弹或者反转行情。倘若在形成向上跳空的过程中，盘中不断涌现主动性的抛压，那么对于持股者而言，一旦股价在运行的过程中出现了滞涨的现象，就要考虑抛售出局，趁这种收阳反弹的机会离场。

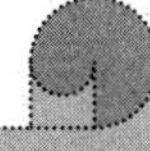

温馨提示：

在这种场景下形成此类形态时，对于新手而言，在感到兴奋之余，要懂得并学会“回归”。回归到“起跳”之前的盘面动态上去观察，综合盘面上的各个层面去深入分析，在确定有主力入驻的前提下，再去考虑是否要入场参与其中，或者考虑是否要继续持股，以及能否再次加仓。

场景二：助推行情加速上行

前面的讲解，谈到了股价在低位区域出现的向上跳空，其实在股价脱离底部区域之后，即我们通常所说的进入明显的上升通道运行时，往往也会形成这种向上跳空的K线形态。

在这种情况下出现的向上跳空，往往会对行情的继续上行起到助推的作用。当然这也不是绝对的，具体还需要结合当时的大环境以及目标个股的盘面迹象而定。下面先通过实例观察，再对这些细节进行讲解。

实例观察

例如文峰股份（601010）（见图5-10）：该股在进入上升通道运行时，就形成了这种向上跳空的K线形态，随后将股价“带入”了加速拉升的通道中。对于新手来说，倘若能捕捉到这种类型个股的入场时机的话，在短期内也能获取较为丰厚的收益。

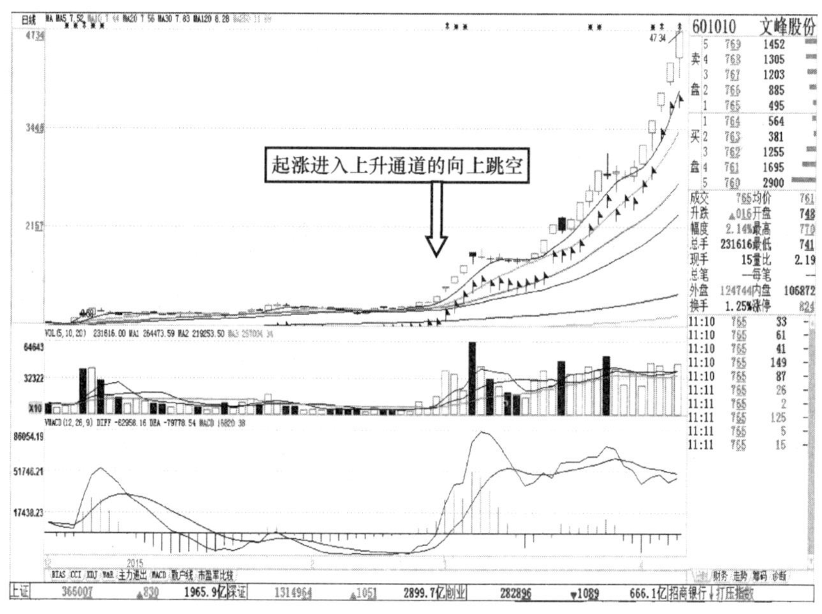

图 5-10　文峰股份

可以看出这种跳空是很轻松的，甚至是很“放肆”的，即在股价形成向上跳空之前，上档不受任何均线系统的压制，同时，此前的股价在运行过程中已经做好铺垫性的“工作”，蓄势了一段时间，或者已经进入缓缓上升的阶段，这“一跳”就是在表明要开始向上加速了。

对于这种类型的向上跳空，新手在分析判断的过程中，不能仅根据其表面的K线形态就直接下定义，而应该综合其他的盘面走势动向及其细节变化去下结论，那样才会更贴近市场的本意。

接下来就来看看，在这种场景之下形成向上跳空时，新手在分析判断的过程中应该抓住哪些要点去进行解读。

场景解读

对于在上升通道初期形成的向上跳空形态，新手在分析判断的过程中，可重点抓住以下这些要点去进行解读。

要点一：脱离后整固要到位

首先，当时的股价最好已经明显脱离了底部区域，即股价经历触底回升之后，在日K线走势图上已经向上突破了所有均线的压制，有了这种突破，才会给后市股价的继续上升提供足够大的预期空间。

对于新手来说，在分析判断的过程中，对这种预期空间要格外重视，预期空间越大，对于新手来说入场参与的风险就越小。

其次，脱离底部区域之后，要有一个到位的整固动作，这一动作也很重要。股价只有整固到位了，才有更大的动力向上拓展行情，同时在向上拓展行情的过程中，阻力也会明显减弱，这有利于股价启动一波强劲的走势行情。

在分析的过程中，如果投资者能够把焦点放在盘面细节变化上去观察思考的话，就能轻松地确定是否整固到位。

为了更为形象地阐述这个问题，下面通过一个实例的观察来进行分析讲解。

例如中国一重（601106）（见图5-11）：该股在向上形成跳空之前，股价就经历了较为充分的整固，换言之，当时的整固是较为到位的。

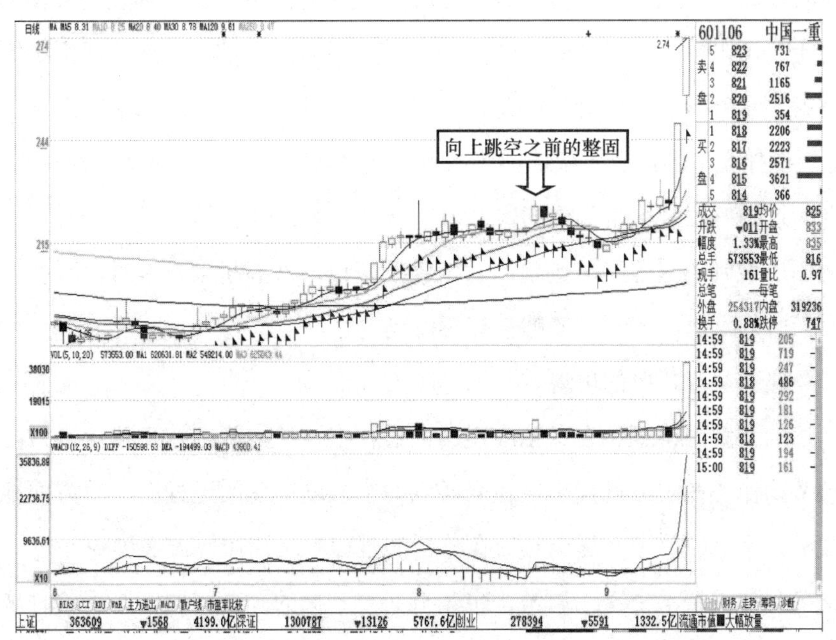

图5-11　中国一重（I）

仔细观察该股当时的日 K 线走势图上的迹象，能够得出以下几点结论。

首先，该股在向上跳空之前，股价在日 K 线走势图上走出了一段时间的窄幅度震荡的走势，即通常所说的横盘走势。

其次，在横盘整理的过程中，以及在横盘之后出现的一段回落行情中，成交量上也出现了明显的萎缩。这种缩量至少预示着盘中持股者的信心是较为坚定的，否则势必会引发较为沉重的抛压。换言之，股价在整固的过程中，倘若能够维持一段较长时间的窄幅度震荡，同时成交量上也能明显萎缩，即这个过程中的抛压也是稀少的，那么这就是整固到位所需具备的一个因素。但这只是形态表面的一个因素，在具体的分析过程中，投资者还需要关注以下这些细节上的变化。

一是关注在窄幅度震荡的过程中，是否有故意压制的动作出现。

倘若在这个过程中，卖盘上时常挂出大手笔的单子，而买盘上出现的都是一些零散的小单，那么这种挂单动作就是一种故意压制性的动作，卖盘上挂出来的那些大单往往是主力自己挂上去的，其目的就是想给盘面制造心理上的恐慌。

倘若在这种情况下，股价依旧能在日 K 线走势图上维持窄幅度的震荡，甚至在分时走势图上也一直维持着窄幅度的震荡，同时成交量也一路呈现出萎缩的情况，那就预示着盘中的浮动筹码是比较稀少的，经过一段时间的整固之后，在卖盘上，出现挂大单的情况下依旧能维持这种走势迹象，这种整理就是相对充分的。换言之，这种整固是比较到位的。

上面所谈到的这些细节迹象，对于新手来说，掌握起来并不难，只要能够仔细观察当时的盘面动态，是能够直接感触到的。

二是谨慎故意托单的出现。

上述的讲解中谈到了在窄幅度震荡的过程中，单方面地在卖盘上时常挂出大单的细节动作。在实战过程中，还会碰到在窄幅度震荡的过程中，单方面地在买盘上挂出大手笔的单子，这个时候在分析的过程中又该如何去解读呢？

这确实值得新手去深入思考，也是有必要掌握的一个问题，毕竟这种现象在实战过程中是常见的。

首先，在窄幅度震荡的过程中，仅在买盘上经常性的，甚至频繁地挂出大手笔的单子，那么这种动作就有故意护盘之嫌。

即通过这种挂出大买单的动作来促使股价维持这种震荡的格局，封住股价在这个过程中的下跌空间，对于大部分散户来说，看到有大买单挂出时，往往会认为是买盘积极的表现。在这种情况下，持有该股的散户不会轻易在这个过程中抛出筹码。换言之，这种挂单动作在心理层面上稳住了持有该股的散户。

其次，在买盘上挂出大单的前提下，也能从某种程度上影响到场外资金的情绪，这种影响更多的表现在刺激场外资金做多的热情上。对于一般的散户来说，当他们持股观望时发现目标个股在买盘上频繁地挂出大买单时，往往会产生做多的激情，从而入场去参与买进。

对于这种挂出大买单的动作，弄清楚以上这两个层面上的作用之后，对于接下来的理解就会更容易了。简单地说，这种单方向性的挂出大买单的动作，一个是有护盘之意，另一个是有测试场外资金做多热情的程度之意。

对于新手来说，需要关注的就是在这个窄幅度震荡的过程中，是否有陆续性的，甚至是持续性的主动性买单入场跟进。倘若有，并且当股价在分时走势图上被推高到一定幅度之后，盘面上突发性地出现向下对倒的动作将股价打压下去，即迫使股价在日 K 线走势图上依旧能维持窄幅度的格局运行，这种挂出大买单的护盘动作，是值得去继续跟踪关注的。这是有主力入驻的迹象，并且从盘面上出现的向下对倒打压的动作来看，主力资金的主要目的是想让股价经历一波整理的走势之后，再向上发力启动一轮上涨行情，而随后出现的向上跳空往往就是股价启动行情的一个信号。

相反，倘若在窄幅度震荡的过程中，在有大买单挂出的前提下，不断有主动性的抛压涌现，这些抛压基本上是以小单的形式陆续向外逐步抛出的。当股价在分时走势图上出现了一定幅度的小单之后，盘面上会突发性地出现向上对倒的动作将股价拉起，促使股价在日 K 线走势图上依旧能呈现窄幅度的震荡格局。在这种情况下，就要谨慎对待了，这往往表明主力资金在出逃，换言之，这种主力资金往往是以短线参与为主要目的的，或者是之前的主力资金在解套，甚至是止损出局的一种表现。即通过在买盘上频繁地挂出大买单来掩饰出逃的真相，促使场外的资金在误判的情况下入场接盘。在这种情况下出现向上跳空时，股价往往也会有一个脉冲式的行情，但这种行情对于新手来说，往往很难把握好其中的节奏。

对于向上跳空之前的整固动作，投资者要懂得并善于结合当时的盘面细节去综合解读它，思维不能仅停留在整固这一表面形态上。

另外，在整固的过程中，不一定非要以上横盘的形式来完成，有些时候往往会在日K线走势图上以反复宽幅度震荡的形式来完成。对于以这种形式来整固的个股，新手在分析的过程中，同样可以依照上述所谈到的那些细节进行盘面分析，继而确定当时的主力资金做盘的意图。

总之，在分析这种整固的过程中，新手要懂得透过表面的形态去深入细节上的研究。

要点二：触底要有主力身影

上述的讲解中重点谈到了在形成向上跳空之前，股价走出一波整固的动作很重要。除此之外，新手在分析的过程中，可以将视线回到股价触底过程中的盘面迹象上去寻找主力的身影。换言之，对于新手来说跟盘很重要，这里所指的跟盘包含两个层面的意义。一是，对于目标个股而言，要先用心去跟踪一段时间的动态盘面的走势，从这些动态上去寻找主力资金的动向，及主力做盘的意图。

二是，要学会并善于“回归”。“回归”到股价之前触底过程中的盘面迹象分析上，从触底过程中所流露出来的盘面迹象上确定该股的主力资金动向。

从图5-12可以看到，上述所谈到的中国一重（601106）在触底的过程中，股价先是走出了一波缩量下跌的走势，而后在触底回升的过程中也时常呈现出异动冲高的动作，这一点可以从当时收出的带上影线的K线形态上体现出来。

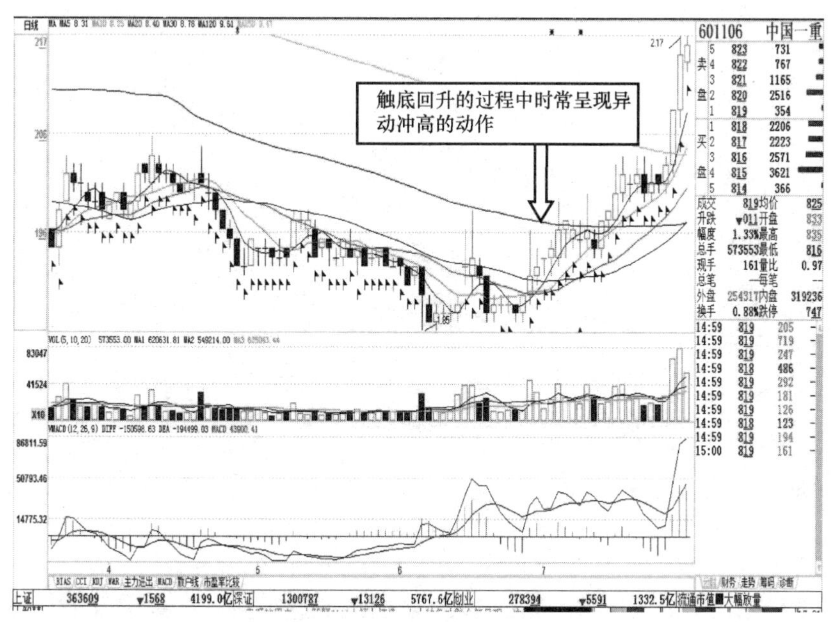

图 5-12　中国一重（Ⅱ）

对于该股而言，仅从当时的日 K 线走势图的迹象上，就能感触到当时在触底的过程中是有主力资金的身影在里面活动的。触底过程中有主力在里面干涉股价的运行，再加之在回升之后的整固过程中，通过盘面的走势迹象确定了该股的整固是充分的，那么对随后出现的向上跳空动作把握起来就会轻松许多，从图 5-13 中可以看到，该股在向上跳空之后走出了一波加速的拉升行情。

新手在“回归”触底过程中的盘面迹象时，一是可以从当时的日 K 线走势图的形态上去观察，倘若在这个过程中，不断收出带有长长上影线或者下影线的 K 线形态时，那么这种动作其实就是一种异动动作，有频繁的异动动作出现那就预示着该股是有主力资金在里面活动的。当然，有些时候也会频繁地收出长长的下影线，即股价在这个过程中不断出现下探的动作，而且股价的下探是被盘中出现的向下对倒单打压下去的，即股价在当时的分时走势图上呈现直线式的下挫。

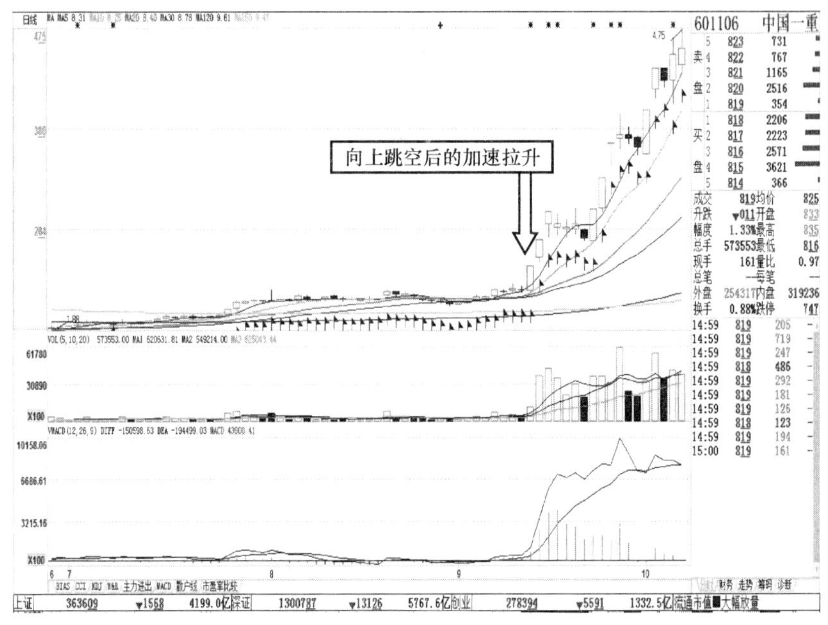

图 5-13 中国一重（III）

二是可以复盘当时的分时走势图，从当时的分时走势图的迹象中查看走势细节，现在很多看盘软件都有这种“复盘”的功能。

倘若在当时的分时走势图上，股价时常出现异动的动作，比如突发性的拉升，或者突发性的下挫，以这种形式来触底的，或者以这种形式来逐步向上攀升脱离底部的个股，基本上可以确定该股是有主力资金的。这种异动动作不是一般的散户能做到的，除了主力资金外，散户几乎不太可能不约而同地出来干涉股价，或者左右股价出现这种异动的走势。

另外，除了上述谈到的异动动作之外，倘若股价在触底的过程中出现缩量加速下跌，在加速下跌之后的止跌过程中，股价以窄幅度的震荡方式筑底。同时，在窄幅度震荡的过程中，不断有大手笔的卖单挂出，而买盘上几乎不会出现大手笔的单子。

有这种迹象出现时，也基本上可以确定该股有主力资金在里面活动，在震荡过程中挂出的大卖单其实就是主力故意干涉的一种动作。

要点三：在堆量中小幅攀升

股价脱离底部之后，在进入上升通道运行时，经常会出现不温不火的走势，即以小幅度攀升的姿态向上运行，股价的整体趋势是向上的。这种走势对于绝大部分的散户而言，是难以煎熬的，换言之，大部分散户对于这种类型的个股是很难有信心继续持股下去的。

但这种类型的个股，一旦向上发力，上涨的动力往往又是相当充足的。对于这种类型的个股，倘若在小幅度攀升之后出现了向上跳空的形态，尤其是在堆量小幅攀升的情况下，那么后市股价的走势是值得期待的。

如图 5-14 所示的黄河旋风（600172），该股当时在进入上升通道运行时，股价就出现了这种堆量式的小幅度攀升，在攀升一段时间之后股价直接向上跳空，并且还是以开盘就封涨停的形式向上跳空的。

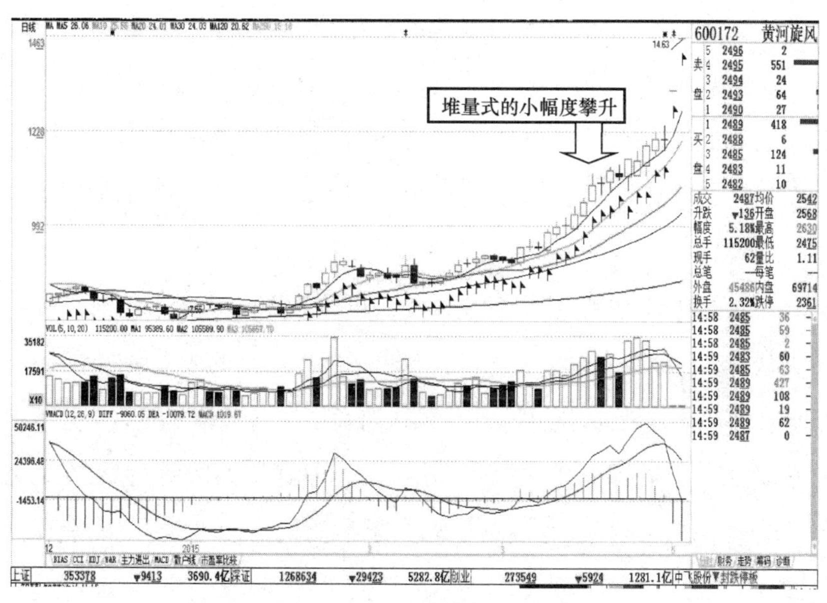

图 5-14　黄河旋风（Ⅰ）

在实战中，这种类型的向上跳空个股也是很常见的，同时也是容易被新手所忽视的，待真正注意到它的存在时，股价往往已经被大幅度炒高了，这个时候也很容易诱惑新手入场追高，最终导致被深套在高处。

对于新手来说，碰到这种类型的个股时，要注重对盘面细节的分析。首先，需要分析这个过程中的量是如何释放出来这很关键。

倘若这个过程中的成交量主要是由主动性买单而释放出来的，同时在小幅度攀升的过程中，卖盘上不断有大手笔的单子挂出，从而刻意压制了股价的上涨幅度。但在这个过程中，买盘上几乎没有挂出大手的买单，有这些迹象出现时，这种堆量式的小幅度攀升就值得关注，这是有主力资金在活动的一种表现，同时主力已经到达了一定程度的控盘。倘若不然的话，在卖盘上不断有大手笔的单子挂出，而买盘上挂出的只是一些零散小单的情况下，股价是无法维持向上攀升的格局的。

除了上述这种释放方式之外，还有一种释放方式是值得小心的，那就是这个过程中的成交量主要是由对倒释放出来的，并且是由向上对倒而释放出来的。即股价在小幅度攀升的过程中，盘面上会时不时地涌现出向上对倒的动作，但对倒的价位一般都不会拉得很高，一般都是在跳高一两个价位时吃进，这同样不会促使股价在分时走势图上出现明显的大幅度冲高的动作，即使有这种冲高也是偶尔的，不是频繁的。

倘若在向上对倒之后，盘中的主动性买单并不是很积极，换言之，除了向上对倒所贡献出来的成交量之外，主动性买单所贡献出来的成交量非常稀少，那么这种堆量式的攀升是需要谨慎的，至少预示着盘中主动性做多的热情并不是很高，这个时候即便出现向上跳空的动作，往往也是一种试探性拉高。倘若在跳空之后，场外资金的做多热情依旧没有被充分调动的话，那么后市股价出现调整将会是大概率事件。

另外，还有一种堆量式的小幅度攀升更需要谨慎。那就是在小幅度攀升的过程中，买盘上不断有大手笔的单子挂出，这些大单基本上挂在买二或者买三处，而卖盘上几乎是不会有大单挂出的。在这个过程中，主动性卖单会不断涌现，并以小手笔抛压的方式涌现出来，从而促使这个过程中的成交量出现放大的现象。同时也会时不时地涌现出向上对倒的动作，让股价在整体上维持着向上攀升的趋势。

以这种形式堆量的个股，至少预示着当时盘中的浮动筹码是比较多的，同时也预示着这种攀升是在主力挂出大买单护盘的前提下形成的，并不是市场的真实意愿。换言之，在这种情况下出现的向上跳空是要小心的，形成向上跳空之后，往往还会有一波调整行情的出现，有些甚至会进入下跌通道运行。

在这种堆量攀升的过程中，倘若这个过程中的量主要是由盘中出现了向下对倒而释放出来的，那又该如何去解读它的市场意义呢？

对于这一问题，首先要意识到，在股价进入上升通道初期运行时，盘面上出现的向下对倒动作，一般都是刻意打压的动作，除了目标个股是受到了突发性的利空刺激之外。换言之，倘若股价在进入上升通道初期运行时，盘面上不断涌现向下对倒动作的话，这往往是主力资金在试盘，通过这种刻意打压的手段来测试盘中浮动筹码的程度。

弄清楚了这一环节之后，上述的问题理解起来就简单多了。

倘若股价在向上跳空之前的小幅度攀升过程中，不断有向下对倒单的涌现，股价在分时走势图上频繁出现直线式下挫的动作。但股价每次被对倒单打压下去之后，盘面上都出现了较为积极的主动性买单，从而推动股价在分时走势图上以逐步向上震荡的形式回升。换言之，这个过程中的成交量出现堆量，主要通过两种方式释放出来的，一是向下对倒所释放出来的，二是在股价下挫之后盘中出现了主动性的买单而释放出来的。出现上述这些迹象时，这种堆量的小幅度攀升也是值得去密切关注的，在这种情况下出现的向上跳空，其看涨信号是较强的，后市迎来一波上涨行情也是值得期待的。

通过上面的阅读，相信大家会有所感触，从日 K 线走势图的表面上看都是堆量攀升，但在攀升过程中动态盘面上的细节不一样，所带来的市场意义也是完全不一样的。对于很多新手来说，在刚刚入市时往往只基于形态表面上的研判，这也是导致最终在实战中屡屡失败的原因之一。

无论在哪个行业里，把时间和精力用在哪里，成就或许就在哪里，股市也是如此。如上面所谈到的堆量小幅度攀升一样，唯有深入细节去研究，才会发现其中的蹊跷所在，才能将主力的做盘意图解读出来，进而去判断它的后期走势方向，并把握其中的操作机会。

从图 5-15 中可以看到，前述所谈到的黄河旋风（600172），在小幅度攀升之后的向上跳空中启动了一波快速拉升的行情。倘若在分析的过程中，能用心去跟盘并细心去体会盘面上的动态细节的话，随后出现的这波行情就能让自己有所收获。

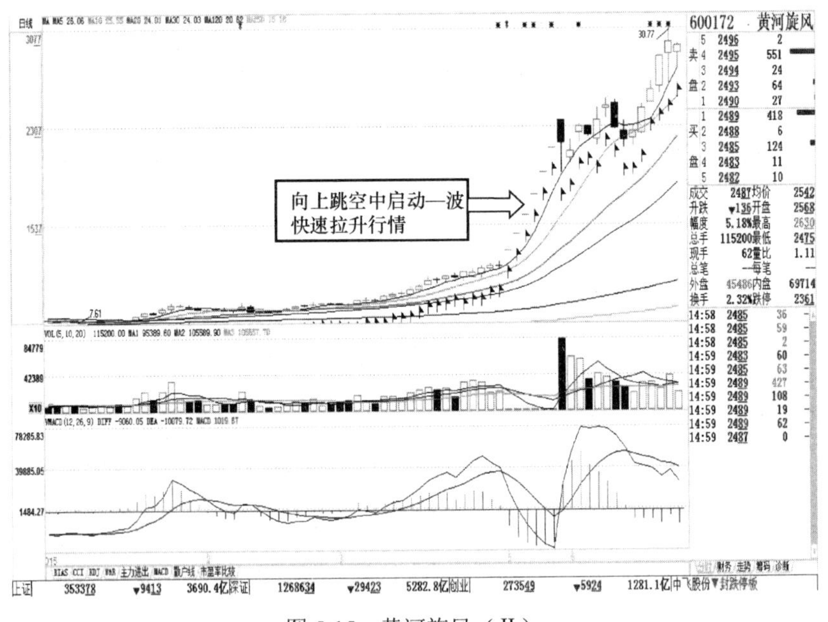

图 5-15 黄河旋风（Ⅱ）

接下来就来看看，在实战过程中碰到这种向上跳空的个股时，在操作上如何去把握它。

操作技巧

持币者

（1）不在冲高中杀进

对于这种类型的个股，股价在向上形成跳空当天，以及在随后的走势里，在分时走势图上很容易出现快速冲高的动作，甚至是反复性的快速冲高。对于这种冲高动作，往往带有试盘的意图在里面。向上形成跳空之后，不一定代表股价在短期内就一定会走出一波快速的拉升行情，有些时候也会在经历反复的震荡后，才会启动一波加速的拉升行情。

对于新手来说，一旦在冲高的过程中买到了相对的高价，同时股价又出现反复的震荡，甚至有打压的动作出现，促使股价在分时走势图上反复下挫，在这种情况下，新手往往经受不住这种折腾，至少心理这一关是比较难过的。

在确定有主力入驻后的向上跳空时，当股价在分时走势图上出现快速的冲高时，新手最好不要急于去追高，而应等其回落企稳之后再入场。

（2）抓住跳空后整理的机会

有些主力在向上形成跳空之后，很快就会让股价出现一两天甚至数天的整理。在日K线走势图上往往呈现窄幅度震荡的格局，即通常所说的横盘整理，这个过程其实是入场参与的好机会。但前提是，必须确定该股是有主力入驻的，而且在此之前股价已经经历了较为充分的整固。

另外，在整理的过程中，也要密切关注盘面细节上的动态变化。倘若在整理的过程中，主动性的抛压很稀少，同时也没有频繁出现护盘动作，即买盘上几乎没有挂出大手笔的单子，在整个整理过程中成交量呈现萎缩的状态。当然，有些主力在整理的过程中，还时常会挂出大手笔的卖单，以此来测试盘中的抛压程度，只要这个过程中的抛压不沉重即可。对于新手来说，一旦股价经历整理之后，向上再次启动行情时就可以入场参与操作了，但在参与的过程中不宜一次性重仓买进，应该采取分仓入场的策略，待前面的仓位盈利后再去考虑加仓。

另外，如果整理过程中频繁出现了向下对倒单，从而导致成交量出现放大的现象，或者在某一天内出现了明显的放大，那么这种放大并不可怕，只要在对倒打压的过程中没有引发恐慌性的抛压即可。如前述谈到的中国一重（601106），经历了短暂的几天整理后便继续向上走出了一波加速拉升的行情如图 5-16 所示。

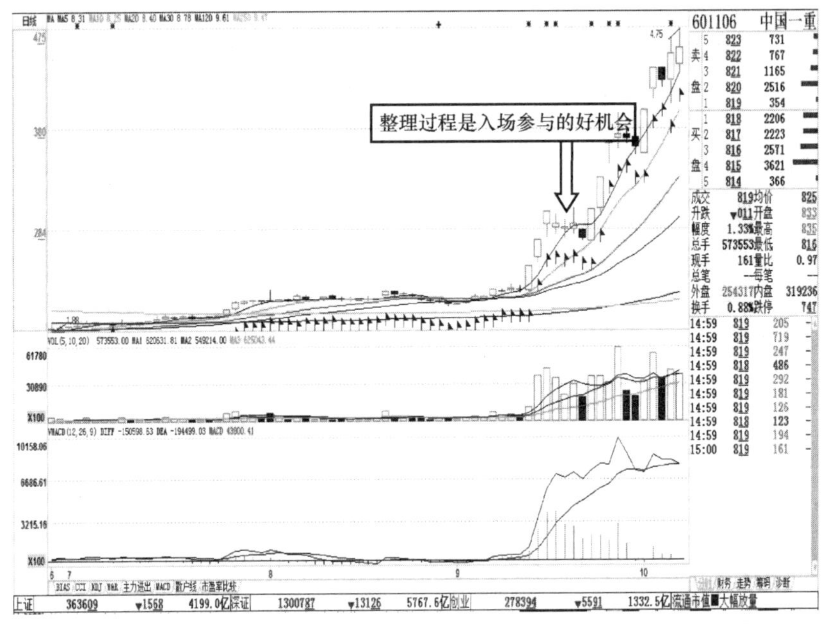

图 5-16 中国一重（Ⅳ）

（3）连续涨停中谨慎参与

股价进入上升通道运行时，倘若在前期的运行过程中，主力资金达到了一定程度的控盘，那么在启动主升行情时往往会以开盘就封涨停的形式连续拉升。对于这种类型的个股，新手在参与的过程中要谨慎对待，不是绝对不能参与，而是在参与的过程中要注意风险的防范。倘若当时的股价被大幅度炒高了，那么在涨停板被打开之后，新手最好不要去参与。

如前述所谈到的黄河旋风（600172），见图 5-17 所示，该股当时就是以开盘就被连续封涨停的形式向上跳空的，连续拉升之后涨停板便被打开并在当天收出一根上吊线的阴线，不过对于该股来说后市还是有上涨空间的。

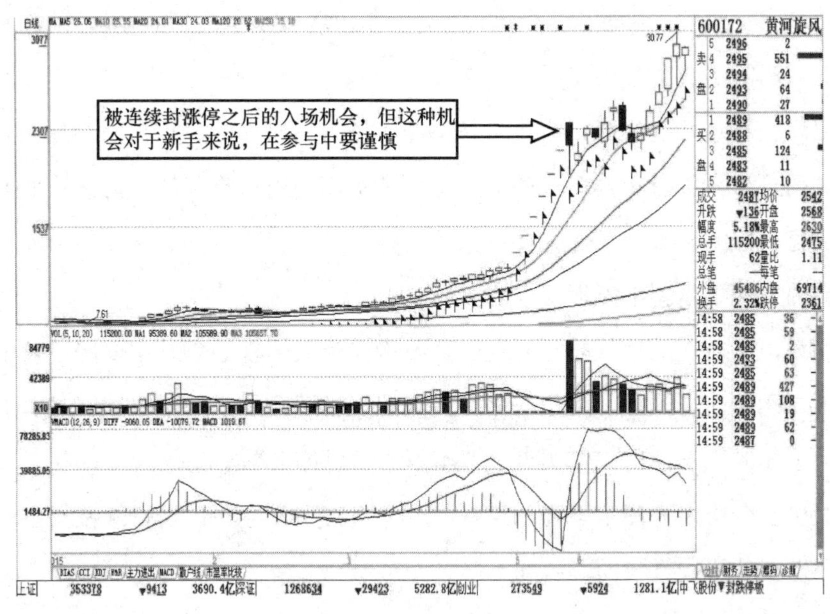

图 5-17　黄河旋风（III）

不是所有以开盘就被封涨停的形式疯狂拉升之后的个股，一旦涨停板被打开就可以入场参与买进的，还需要根据当时的盘面细节动态来决定。对此，以下一些实操经验可供参考。

首先，在被连续封涨停的过程中，投资者要关注是否有放量的现象出现。倘若股价经历开盘就连续封涨停的拉升，在随后的封涨停中，成交量出现了明显的放大，那就要谨慎对待了。换言之，在这种情况下，对于新手来说，涨停板被打开时最好不要去参与。主力资金很有可能在连续涨停之后，在最后的几个涨停板中就开始出逃了，即在封涨停的过程中，逐步地抛售筹码，从而促使在最后的几个涨停中成交量出现了明显的放大。

其次，倘若一直都是缩量封涨停的，就需要密切关注涨停板被打开之后的盘面动态。

倘若涨停板被打开之后，买盘上不断有大手笔的单子挂出，股价以逐步震荡的形式下跌，每当股价下跌到挂出的大买单的价位附近时，原本挂出来的那些大买单会被自动撤掉。同时在这个过程中，不断出现以小单的形式抛售筹码的现象，从而导致当时的成交量出现明显的放大。

出现上述这些迹象时，投资者是不能入场参与操作的，这很明显是主力资金在出逃的迹象，买盘上挂出来的大单子，其实都是用来哄骗散户的，让他们误认为是买盘积极的表现。虽然在接下来的一两天里，股价有冲高诱多的可能，但这种冲高的节奏不是新手能把握好的。

相反，倘若在涨停板被打开之后，股价在当天出现的下跌主要因被盘中出现的向下对倒单而导致的，股价在分时走势图上呈现直线式的下挫，同时卖盘上不断有大手笔的单子挂出，但买盘上基本不会出现挂大单的动作。

股价在分时走势图上下挫的过程中，并没有引发盘中出现持续性的主动性抛压，即以小单形式抛售的筹码并不多。

有上述这些迹象出现时，往往预示着是主力资金在洗盘，只要在这个过程中，主动性抛压并不是很沉重，同时股价在回落到5日均线附近时受到了明显的支撑。在这种情况下，新手就可以轻仓入场，试探性买进，待随后股价继续向上稳步攀升时再考虑加仓。

对于有这种迹象出现的个股，成交量即便出现了明显的放大，只要是由于盘中出现了向下对倒单而促使成交量放大的，那就不必担心。

有些个股在被连续封涨停之后，在打开涨停的走势时会让股价出现几天的放量收阳的走势，随后控制股价，使其在日K线走势图上呈现整理的走势。对于这种类型的个股，往往也是有机会的。

如图5-18所示的旭光股份（600353），该股在以连续封涨停的形式向上跳空之后，就出现了上述所说的这种走势，在放量收阳后促使股价进行了一段时间的整理，在整理过程中成交量呈现明显萎缩的状态。

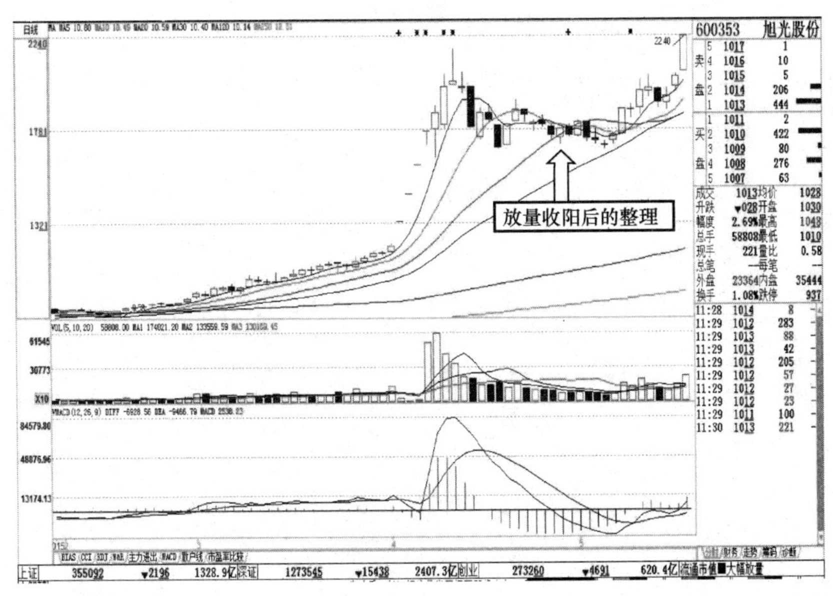

图 5-18　旭光股份（Ⅰ）

这种整理往往也是一种技术性的休整，在大环境向好的情况下，对于主力资金控筹程度较大的个股来说，这种走势也是很常见的。换言之，在经历这种整理之后，股价往往还会启动一轮较为强劲的上涨行情，整理之后也是一次入场参与的机会。从图 5-19 中可以看到，该股经历这一波整理之后再次迎来了一波强劲的拉升行情。

但需要强调的是，不是所有的在日 K 线走势图上出现这种走势的个股，都是可以去参与的，有些在经历这种整理动作之后也不一定会迎来继续上涨的行情。在分析判断的过程中，以下一些经验可供参考。

首先，放量收阳的过程中，投资者要关注主动性抛压的程度，这一点是非常关键的，不是所有的放量收阳都能看涨的。倘若在放量收阳的过程中，主动性的抛压并不那么沉重，即在这个过程中陆续或持续以小单形式抛售比较少。这个过程中的量，主要是由于盘中出现了向下对倒单，即一次性以大单的形式向下打低一两个甚至几个价位卖出而促成的放量。这种放量收阳往往是主力资金洗盘所导致的，后市股价还会出现一波继续上涨的行情。在放量收阳的过程中，如果卖盘上能持续性地挂出大卖单就再好不过了，但买盘上不能频繁地挂出大买单，否则就成了故意护盘之下的放量了，而这种放量收阳是要当心的。

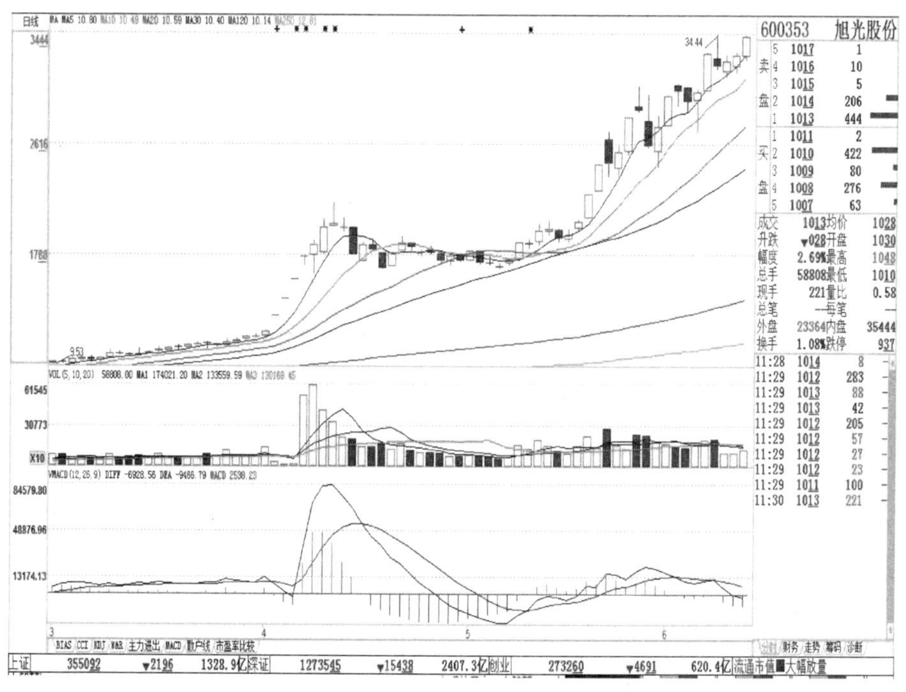

图 5-19　旭光股份（Ⅱ）

相反，倘若在放量收阳的过程中，所释放出来的成交量，大部分是由于盘中出现了主动性的抛压而导致的，即以小单的形式持续性或者间断性地向外抛售而导致的，同时在放量收阳的过程中，买盘上会时常挂出大手笔的单子，这种情况下，新手就要高度重视了，这往往是主力资金在打开涨停之后，借机逐步出逃的一种迹象。在这个过程中，股价在分时走势图上往往会时常出现直线式冲高的动作，即主力资金采用对倒的手法在分时走势图上突发性地拉升股价，以此来刺激场外资金的做多热情。

当股价在分时走势图上冲高到一定程度之后，股价就会呈现逐步回落的走势，在回落的过程中，买盘上会时常挂出大单，而每当股价下跌到这个价位附近时，这些大单就会被自动撤掉。换言之，这种挂出大单的动作也是主力资金故意挂上去的，其目的就是让场内外的资金误认为是买盘积极的表现，从而忽视这种回落所隐藏的风险。

其次，投资者除了要关注放量收阳过程中的细节变化之外，还要注意随后进入整理过程中的走势细节，这一点同样重要。倘若在整理的过程中，主动性抛压较为沉重，从而导致这个过程中的成交量出现明显的放大，那么即便这个时候主力资金的目的是洗盘，对于新手来说也是需要注意的。在主动性抛压较为沉重的情况下，主力资金往往会继续打压股价，促使股价出现一波下跌的走势，以此来清洗盘中的浮动筹码。换言之，在这种情况下，新手是不能在整理过程中去急于买进的。

另外，倘若在这个整理阶段，买盘上频繁地挂出大单，而卖盘上挂出来的都是一些零散的小单，那也是要谨慎对待的，这往往也是主力资金的一种护盘动作，很有可能是在隐蔽出货，即便这个过程中的成交量出现了萎缩的状态，也要谨慎对待。

对于放量收阳后进入整理阶段的个股，在操作上不要仅关注形态的表面，上述谈到的这些细节是要重视的，唯有投资者结合当时的动态细节，才能更精准地去把握操作的方向。

有些在打开涨停板之后，也往往会以放量收阴线的形式来洗盘，如图 5-20 所示的宝光股份（600379），该股当时在打开涨停板之后就出现了这种走势。随后股价同样是进入了整理阶段运行，并在后期的走势中继续走出了一波上涨的行情。对于这种放量收阴的走势，读者同样可以参照上述所谈到的放量收阳的分析思路去判断它。

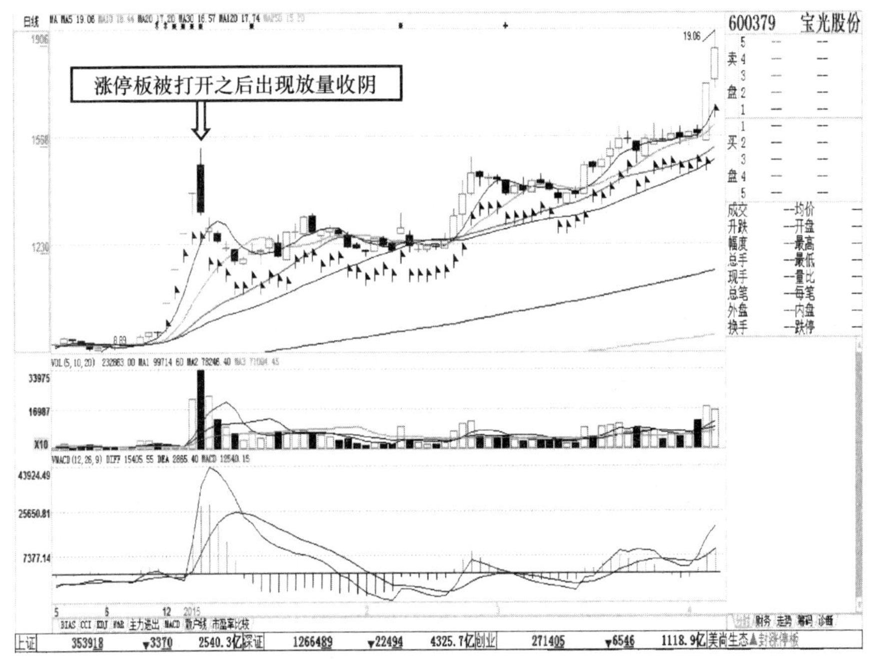

图 5-20 宝光股份

持股者

（1）在冲高中做差价

这种场景之下所出现的向上跳空，往往会给持股者带来做差价的机会。无论是在向上跳空当天，还是在随后的继续上涨过程中，股价在分时走势图上都会出现直线式冲高的动作，一旦在这种冲高后，股价远离当天分时走势图上的均线，对于持股者来说就可以先获利了结，或者部分获利了结，冲高之后在分时走势图上一般都会有一个回落的动作，待其回落企稳之后，再入场买回来。但这种操作要注意一个细节，那就是股价在分时走势图上出现冲高之后，买盘上没有大手笔的单子挂出来，在这种情况下，随后股价才会极有可能出现回落。换言之，在这种前提下才是提供了做差价的机会。

倘若在股价冲高之后，买盘上不断挂出大手笔的大单，那么股价往往会以窄幅震荡的形式来修复远离当天分时走势图上的均线差距，除非这种大单被撤掉。倘若投资者的实战经验并不是很丰富的话，最好不要来回“折腾”，免得差价没做到，最终错过了后市强势拉升的机会。

（2）在平稳中坚守

倘若通过前期的走势迹象，确定了该股是有主力入驻的，并且在这之前股价已经经历了一段时间的蓄势，那么这种跳空往往就是新一轮上涨行情的开始，但这并不意味着跳空之后股价就会立刻启动，甚至出现加速拉升的行情。

有些主力在向上跳空之后，往往会控制股价的上涨节奏，即让股价逐步地以小幅度的上涨形式来向上拓展行情，甚至会让股价处在一个平台上反复整理。但无论是控制股价的上涨节奏，还是让股价处在一个平台上反复整理，盘面上都会出现一个共同的特征，那就是频繁地在卖盘上挂出大手笔的单子，以此来制造恐慌效应，在这个过程中买盘上几乎不会出现挂大单的现象。

在这种情况下，持股者应该坚定地继续持有，股价一般是不会向下调整的，经历了这种“折腾”之后，股价往往会直接向上启动行情。

温馨提示：

在这种场景之下形成此类形态时，对于新手而言，要学会淡定并让自己的内心安静，不在“起跳”的急速冲高过程中（分时走势图上）盲目追高，要待其回落后再去操作。在主力的故意折腾过程中，要有耐心，过于躁动是难以战胜主力的刻意盘整的。

场景三：疯狂之下的赶顶

在这个市场中，很多人总是在疯狂之下忘记了风险，在大潮退却之时却发现自己已经没有了当时的激情，此时的自己或许早已不知不觉地被深套其中，其滋味是可想而知的。

对于这种向上跳空的形态而言，往往最容易上演疯狂的一幕，当这种向上跳空连续上演之后，相信很多人都会抵挡不住这种诱惑。当股价进入高位区域运行时，这种“好戏”往往会上演，而当这场“好戏”谢幕之时，或许还没来不及离场就被“踩死”了。换言之，对于新手来说，在实战过程中，倘若碰到个股经历长期上涨之后进入高位区域运行，出现向上跳空的走势时就要引起注意了。尤其是在高位出现了一波加速拉升之后，或者在高位出现了一段时间的滞涨动作之后，这种情况下形成的向上跳空往往就是一种诱多动作，这种跳空是有赶顶的因素在里面的，虽然出现跳空之后，或许还会有一个冲高的动作，但这种冲高对于新手来说，往往是难以把握的。

对于大部分新手而言，最容易被疯狂的拉升动作所诱惑，心理及技术研判上的不成熟，都是导致最终被深套的原因之一。针对疯狂拉升的动作，新手一定要着实观察当时股价所处的位置，而后再去结合所处的位置深入思考。就如这里所谈到的向上跳空，其实也是演变成疯狂拉升的一个窗口，在这个窗口之上，机会和风险是并存的。

实例观察

下面先来观察一个实例。

例如山东金泰（600385）（见图 5-21）：该股当时在运行到高位区域时，就出

现了向上跳空的走势形态。

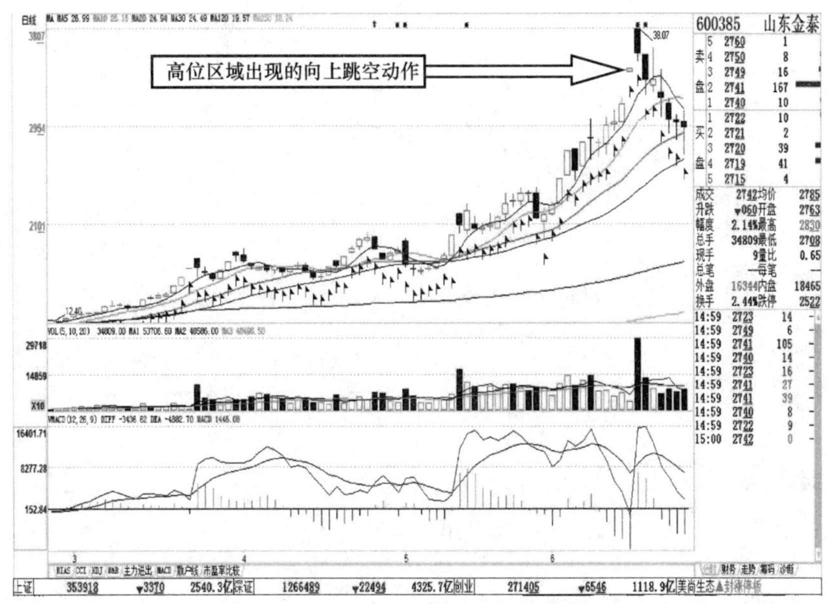

图 5-21　山东金泰（Ⅰ）

对于该股而言，当时这一跳空动作确实有些诱人，从当时的日 K 线走势图上来看，股价是处于明显的上升势头的，这一跳空动作着实有点要加速拉升的感觉。这对于新手来说，难免会在冲动之下直接入场买进，有的甚至会补满自己的仓位。

对于该股来说，新手首先会失手在心理层面上，一看到股价突发性地启动快速拉升的动作，太急于想去入场弄一把了，这是很多新手，甚至具备一定实战经验的散户经常犯的一个错误。

这种类型的个股一旦见顶，所引发的下跌往往是快速的。对于一般的新手来说，这种下跌所带来的伤害将会是深远的。从图 5-22 走势图中可以看到，该股在随后的走势里便出现了一波快速下跌的行情，这种下跌往往会让新手措手不及。

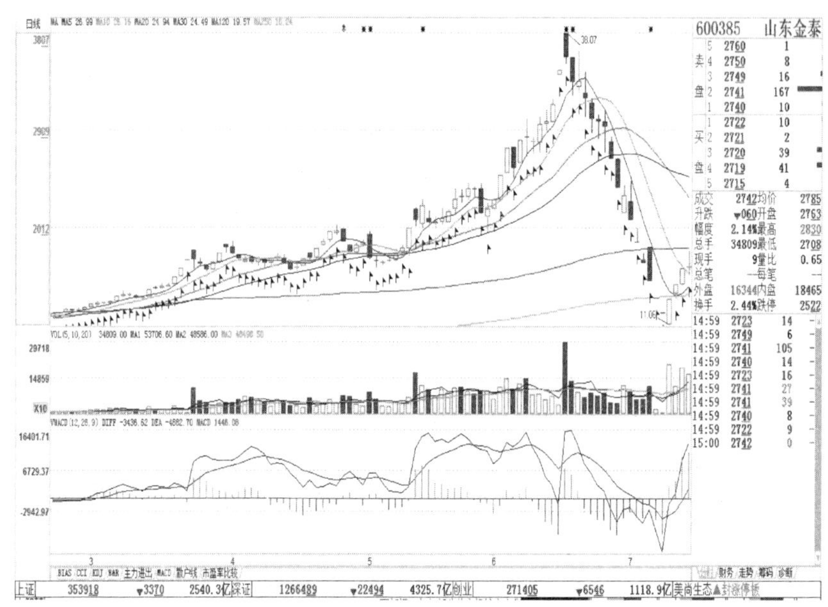

图 5-22 山东金泰（Ⅱ）

有些个股在高位区域出现向上跳空之后，股价不一定立刻就会出现下跌，有些还会出现继续拉升的动作，倘若投资者能把握其中的节奏，在短期内也能获取较大的收益，但对于新手来说，这种操作的风险往往也是较大的。

对于这种类型的向上跳空，股价在运行过程中，盘面上也会流露出一些“特别”的迹象，倘若能够用心观察的话，也能较为轻松地将其识破。

接下来就来看看，在这种场景之下所形成的向上跳空动作，股价在运行的过程中盘面上有哪些要点是值得去重视的。

场景解读

在这种场景之下所形成的向上跳空，新手在分析的过程中，要注重以下这些要点。

要点一：在长阴中践行

对于长阴线而言，很多投资者，包括新手在内往往都会对其有所警惕，但倘若在出现长阴线之后，股价并没有因此而下跌，反而继续向上运行着，那么对于新手来说或许就会忽视它的看跌功能。

对于在高位区域出现的向上跳空，往往会伴随着长阴的走势，而这种长阴其实就是因主力资金在抛售筹码而形成的，但主力并不会立刻就让股价进入下跌通道运行，而是在形成这种长阴线之后，继续让股价维持上升的势头，以此来迷惑散户，让其不断入场接盘。如图 5-23 中所示的华建集团（600629），该股在高位区域形成向上跳空之后就出现了这种长阴线。

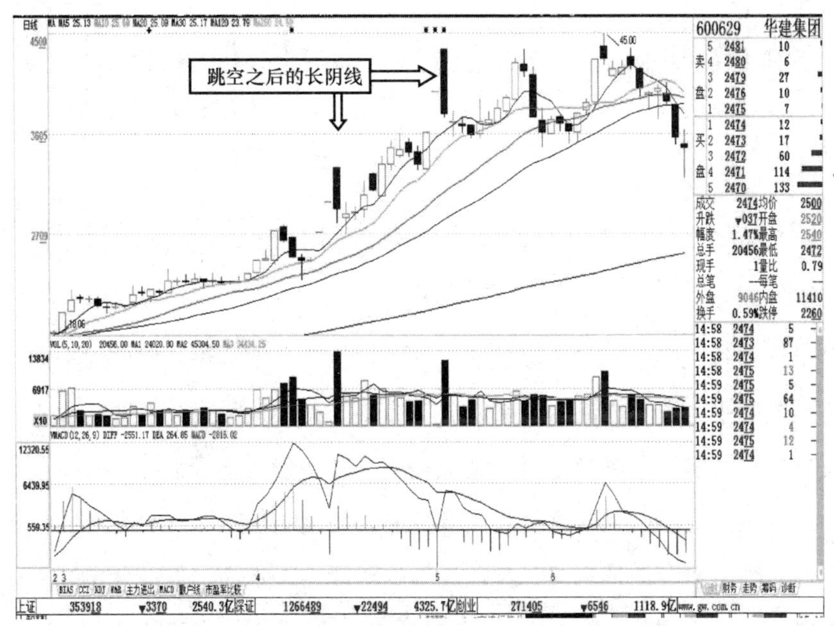

图 5-23　华建集团（Ⅰ）

该股当时的向上跳空是以开盘就封涨停的形式“向上跳”的，这更容易让新手感到兴奋，由于在第一天的涨停中无法买进，在第二天继续向上跳空之后，一旦涨停板被打开的话，新手往往会迫不及待地入场买进，或许在当天的追高过程中就被套在上面了。

从图 5-24 中可以看到，当时的股价是在经历了一波长期逐步攀升的行情，以这种形式推动股价上涨的个股，当其被大幅度炒高之后，一旦在高位出现这种向上跳空的动作，往往就是一种加速赶顶的动作。

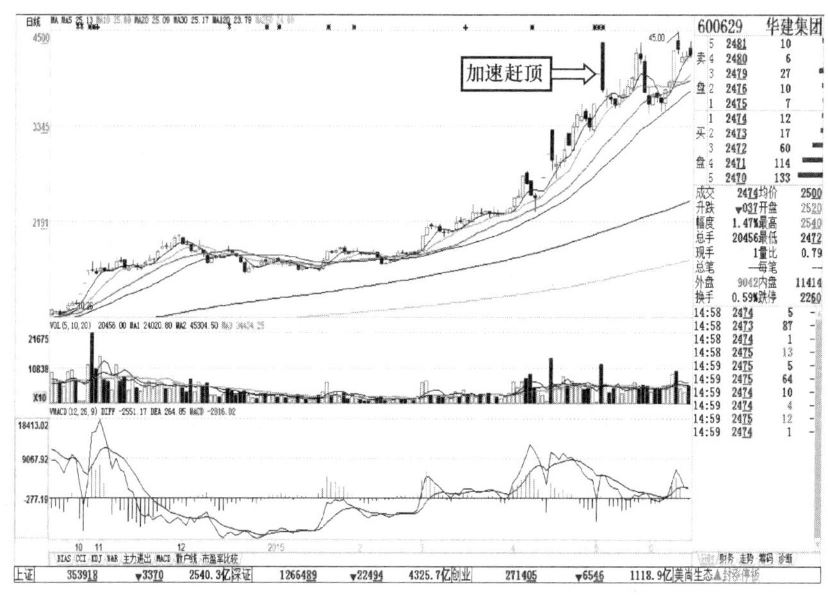

图 5-24　华建集团（Ⅱ）

对于这种长阴线，只要在跟盘的过程中，能够仔细观察当时的盘面动态，就能很容易发现主力资金出逃的迹象。在实战中，有以下一些经验供参考使用。

首先，这种阴线一般都是以继续大幅度高开的姿态来开盘的，有些甚至会以涨停的形式来开盘，而且开盘价往往就是当天的最高价，即开盘之后股价就开始一路走低。当然也有例外，即开盘之后股价继续向上走高，但这种走高主要是被盘中出现的向上对倒单拉升上去的，即在分时走势图上呈现直线式的上冲。但当股价冲高到一定程度之后，便呈现逐步震荡式的回落，最终在当天收出长阴线的形态。

对于收长阴线当天，只有股价高开，尤其是大幅度的高开，才能更加有效地起到诱多的作用，高开低走要比直接平开（以前一天的收盘价开盘）更容易让散户忽视风险的存在，对于一般的散户来说，看到股价再次高开后往往会继续对后市看涨，从而认为回落是买进的机会。

其次，在收长阴线当天股价在分时走势图上，一般会呈现两种方式的走势，换言之，倘若是主力出货，那么在当天的分时走势图上会有两种不同的细节动作。

一是，股价在当天的回落过程中，分时走势图上会呈现直线式的下挫，即会出现向下对倒的动作将股价迅速打压下去。但是在股价出现直线式的下挫之后，当天几乎不会出现像样的反弹动作，而是下挫之后在分时走势图上便进入了窄幅度震荡的格局运行。在窄幅度震荡的过程中，买盘上会频繁地挂出大手笔的买单，即出现了大单护盘的动作，同时，在整个窄幅度震荡的过程中，不断有主动性的抛压涌现。有些时候，买一处也会挂出大手笔的单子，但是在这一价位挂出来的大单往往会被反复地撤掉。

其实这是一个很微妙的细节动作，不仔细观察的话，散户是难以将其发现的。同时，这又是个很关键的动作，在买一处挂出的大单之所以被反复地撤了又挂，挂了又撤，其主要目的就是将在买一处排队的散户的单子往前推。

这样一来，主力就能轻松地将自己的筹码抛售给散户，而且还能让散户毫无发觉，误以为在买一处挂出的大单子是买盘积极的表现。投资者在分时走势图上出现上述这种走势迹象时，投资者是需要谨慎的，换言之，这是主力隐蔽出逃的一种手段，这种手段最容易诱惑到一些稍懂盘面细节的投资者。

这种走势迹象的关键在于股价在分时走势图上出现下挫之后的震荡中，即股价被向下对倒单打压下去，在分时走势上呈现直线式下挫时，很多散户会认为这是主力故意在打压。就从这种动作本身来看，也确实是一种故意打压的动作，但此时主力所做出来的这种打压姿态，其用意并不是真心打压，而是制造一种假象，为在接下来的窄幅度震荡中抛售筹码做铺垫。

当散户误以为主力在故意打压时，往往会忽视接下来的窄幅度震荡中的抛售行为，主力先通过这种向下对倒式的下挫来迷惑散户，而后再在窄幅度震荡中逐步地将筹码抛售出去，同时在买盘上频繁地挂出大手笔的单子。这样既可以让股价在这个过程中继续维持窄幅度的震荡，又能让场内外的散户感觉到是买盘积极的表现，但其实这些都是主力早已设计好的假象。换言之，这种走势迹象的关键在于下挫之后的窄幅度震荡阶段，在分析的过程中，投资者要密切关注这个过程中的主动性抛压，以及是否有持续性的大买单护盘。倘若有这些迹象的出现，那么这根长阴线就值得去关注，这往往是主力资金在出逃的信号。

二是，在收出长阴线当天的走势过程中，股价在分时走势图上并不是以上述那种形式回落的，即盘面上几乎不会出现较大幅度的直线式下挫动作。在全天的运行过程中，股价基本上都是维持逐步震荡下行，截至当天收盘时，股价在分时走势图上呈现单边式的震荡下跌。而这种走势的关键在于抛售过程中的细节上，以及委托盘的细节上。

倘若当天的股价处于逐步震荡下行的过程中，不断有主动性的抛压涌现，即不断有以小单的形式向外抛售的动作出现，从而促使股价呈现这种单边式的震荡下行，在全天的运行过程中，成交量也出现明显的放大。

同时在当天股价震荡下行的过程中，买盘上不断挂出大单来护盘，而卖盘上几乎不会出现挂大单的现象。每当股价震荡下跌到挂大买单的价位附近时，这些大买单就会被自动地撤掉，并继续在这个价位以下再次出现挂大单的现象。

在震荡下行的过程中，出现上述这些盘面迹象时，基本上可以确定是主力资金在出逃了。主力资金在当天股价震荡下行的过程中逐步地向外抛售筹码，而在买盘上挂出来的大单其实就是主力用来掩饰的，让散户误认为是买盘积极。

对于这种长阴线而言，在分析的过程中，倘若能从以上这些角度去入手，也能轻松地察觉到主力资金出逃的迹象。从图 5-25 中可以看到，上述谈到的华建集团（600629），在向上跳空之后形成的这种长阴线走势最终就引发了一波快速的下跌行情。

另外，对于这种类型的个股，在向上跳空之后形成长阴线的形态后，股价一般不会立刻下跌，同时在接下来的几天里也不会出现较为强劲的上涨，而是以小幅度向上攀升的姿态运行。正因为是这种小幅度的攀升，才给了散户更多的想象空间，从而促使他们毫无顾忌地入场接盘。

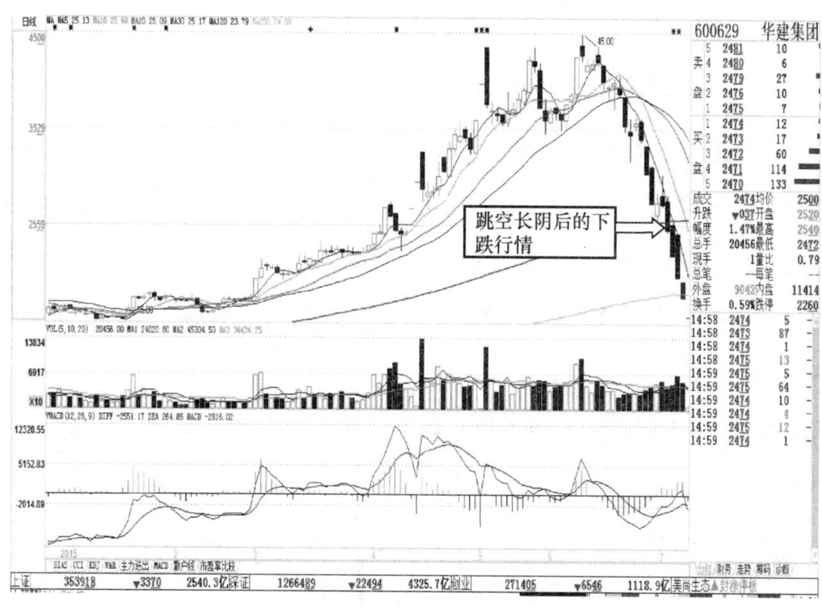

图 5-25　华建集团（III）

当然，也有在形成长阴线之后，股价稍作整理后就直接进入下跌通道运行的个股。从图 5-26 中的保变电气（600550）可以看到，该股就是在跳空后形成长阴线，随后稍作整理就直接进入下跌通道运行。

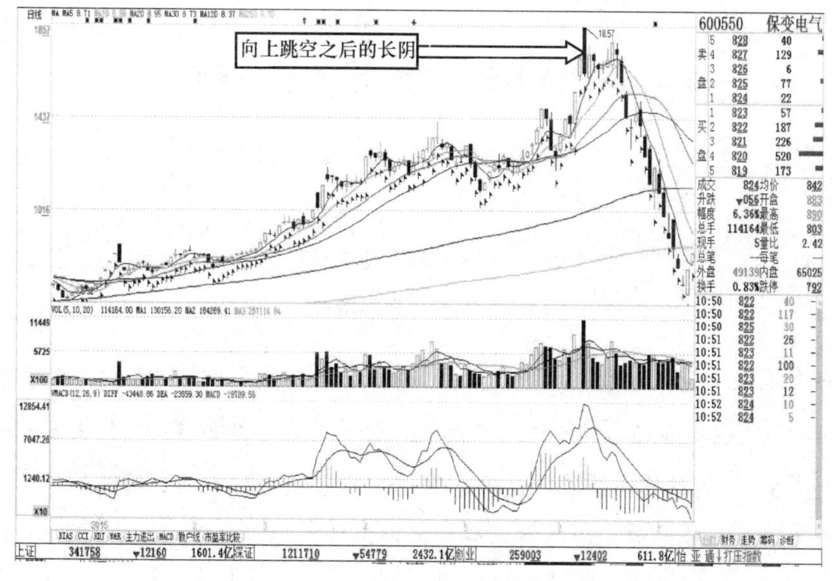

图 5-26　保变电气

要点二：二次跳空后的滞涨

对于主力资金控盘程度较高的个股，在启动主升行情时往往会以连续向上跳空的姿态来助推股价上升，有的甚至会以连续涨停的形式来向上跳空。当股价被推高之后，先会走出数天的小幅度回落的走势，而后再次向上跳空，促使股价向上挑战前一次留下来的高点，但随后股价很快进入滞涨的格局运行，并最终引发一波下跌的行情。

从图 5-27 中的梅泰诺（300038）就可以看到，该股当时就出现了这种走势，最终引发了一波快速下跌的行情。

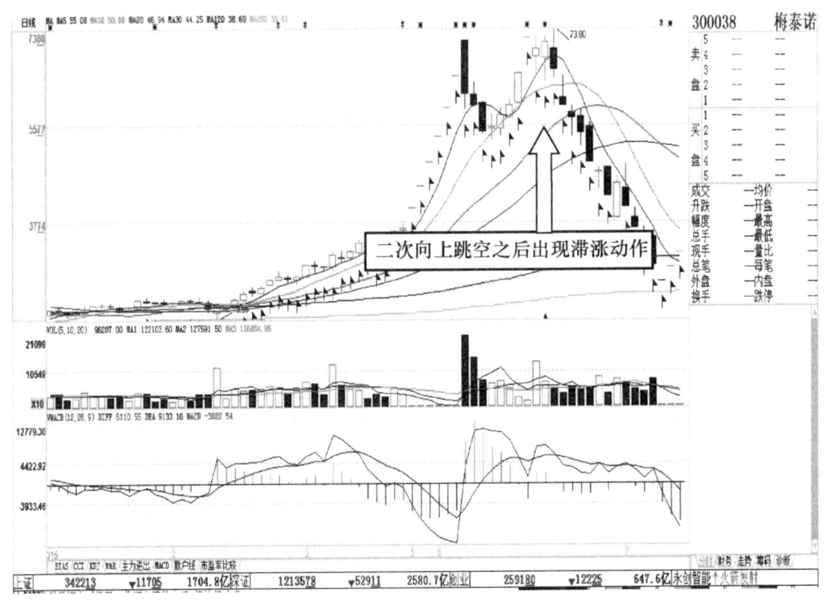

图 5-27　梅泰诺

对于该股来说，投资者从前面的向上跳空之后形成的长阴线中，就应该能感觉到风险，这也是前述所谈到的一种阴线。对于走势迹象而言，新手往往是被“二次向上跳空” 的动作所诱惑，认为这种跳空是股价再起一波行情的信号。

对于这种走势迹象，投资者在分析过程中识破起来其实也并不难。

其一，这种滞涨现象一般都是出现在股价运行到前期高点附近，而且滞涨之前的向上跳空动作，也是在试图突破前一次的高点。

其二，股价在形成前一次的高点过程中，也是以连续性向上跳空来完成的，有些甚至会以连续开盘就封涨停的方式来完成。同时在形成前一次的高点之后的回落整理过程中，成交量会有一个放大的过程。这种放量主要是由于盘中出现了较为沉重的主动性抛压而导致的，与此同时，在股价回落整理的过程中，买盘上会频繁地挂出大单护盘，通过这种手段来迷惑散户。

其三，在二次筑顶冲高的过程中，尤其是在二次向上跳空的过程中，成交量不一定会出现放大的现象。但在冲高二次筑顶的过程中，盘面上要么会频繁出现向上对倒单拉升股价，要么就是在买盘上不断挂出大手笔的买单，以此来达到护盘的目的。

尤其是在出现二次向上跳空的过程中，在买盘上往往会频繁地挂出买单，有的时候甚至会在买一处挂出大手笔的单子，但会频繁地被撤掉，而后再迅速重新挂上去，这种动作会反复出现。其目的很简单，就是为了让散户挂在买一处的单子不断排到主力资金自己挂出来的单子前面，这样散户的单子就会被成交。换言之，主力就可以将筹码抛售给他们了。

其四，在二次向上跳空构筑第二次顶部之后的滞涨过程中，一般会有一个放量的动作，但这种放量不一定是持续性的放量。换言之，在某天或者某几天的放量之后，随后的成交量也往往会出现迅速萎缩的状态。

这个过程中的放量，主要是由主动性抛压而释放出来的。但在滞涨的过程中，往往会频繁出现护盘的动作，即在买盘上会时不时地挂出大手笔的单子，让散户误认为这是买盘积极的表现。

倘若股价进入高位区域运行时，在二次筑顶过程中形成的向上跳空的过程中，以及随后出现的滞涨过程中，有上述这些迹象出现的话，那投资者就要谨慎对待了，这种向上跳空的动作往往是主力资金出货所做的诱多动作。

当然，有些个股在二次筑顶过程中的向上跳空之后，股价会直接进入下跌通道运行，而不会有滞涨的“过渡期”。从图 5-28 中的锐奇股份（300126）就可以看到，该股在向上跳空之后就直接报收出一根大阴线，随后股价便直接进入了下跌通道运行。

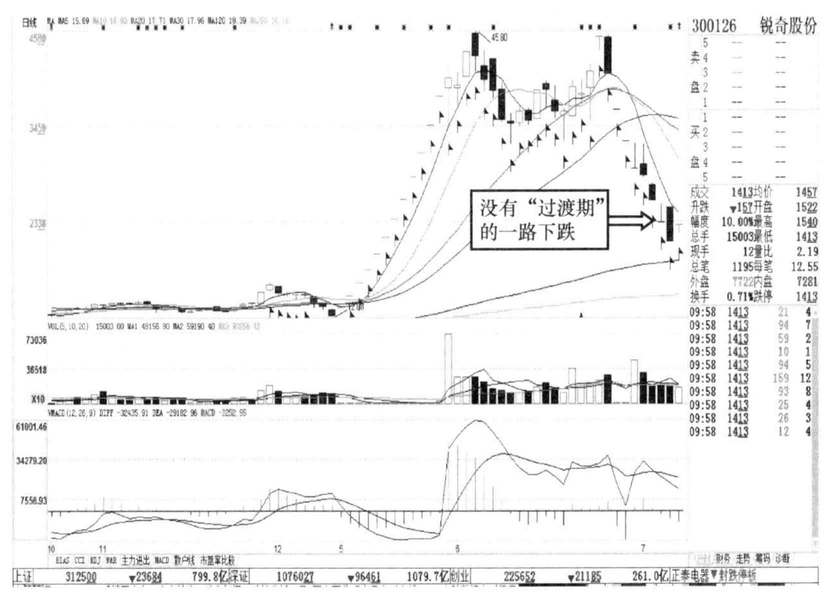

图 5-28　锐奇股份

要点三：回补后现长阴

从图 5-29 中的经纬电材（300120）可以看到，该股进入高位区域运行时，出现了以开盘就封涨停的形式向上形成跳空，但在跳空的第二天股价就出现回探，并且直接就将这个跳空缺口补上了，紧接着第三天便收出了一根下跌的长阴线。

在实战过程中，这种类型的向上跳空也是很常见的，而且对于新手来说，也是很容易被这种类型的个股深套的。有些时候对于有一定经验的散户来说，也未必能够避开这种诱惑所带来的风险。这种向上跳空现象，其最关键的一个看点是跳空之后的立刻回补，以及随后形成的长阴线，这是一个双重看空的信号。

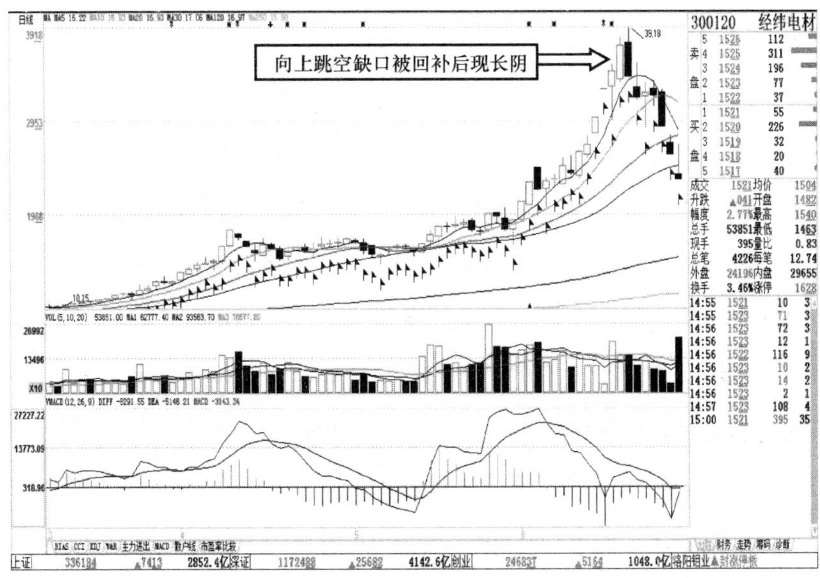

图 5-29　经纬电材（Ⅰ）

从图 5-30 可以看到，该股在高位收出长阴线后，股价就直接进入了下跌通道运行，而且引发的是一波快速下跌的行情，这对于新手来说，一旦被套，无论从资金上，还是从心理层面上，都将会是一个沉重的打击。

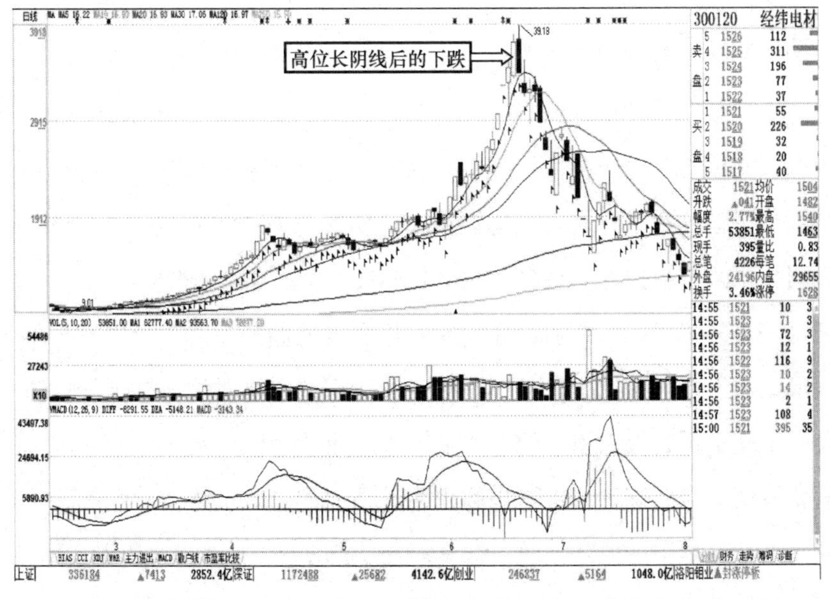

图 5-30　经纬电材（Ⅱ）

对于这种走势迹象，新手在分析的过程中，抓住以下几个要点就可以了。

其一，在出现这种向上跳空之前，股价要么经历一波长期逐步攀升的行情，同时股价的上涨幅度至少已经达到翻番的程度。股价进入高位区域后，突发性地打破了原有逐步攀升的格局，转向加速拉升的动作。这种动作上的转向，就是为了更好地吸引场外资金的眼球，刺激场外资金的做多热情，让其入场接盘。要么就是在出现这种向上跳空之前，股价已经启动了一轮加速拉升的行情，而此时的这种向上跳空的动作，是为了将行情再次向更有激情的台阶上推动，让场外的资金以及场内的投资者更加坚定后市还会有继续上涨的空间。

其二，在向上跳空的过程中，盘面上会较为频繁地涌现向上对倒的动作。换言之，在股价跳空之后的运行过程中，股价的继续上行基本上是被主力资金的向上对倒单推上去的，而非市场本身的意愿。

其三，在回补向上跳空所留下来的缺口过程中，往往是以股价逐步震荡下行来完成的，同时不断有主动性的抛压涌现，买盘上也会伴随着挂大单的现象，以此动作来护盘。在回补当天的运行过程中，股价在分时走势图上一般会呈现反复震荡的走势，这种震荡正好给了散户一个想象的空间，认为后市股价依旧还有继续上行的空间，但忽视了当天股价在运行过程中的主动性抛压程度，以及主力资金故意挂出大单来护盘掩饰的动作。

其四，在回补了向上跳空所留下来的缺口之后，不排除股价还会有几天继续上行的走势，但这种上行基本上是被盘中出现的向上对倒单推动上去的。当然，也有在回补了跳空缺口之后直接就收出长阴线的形态。

无论是直接形成的长阴线，还是在经历了再次的冲击之后形成的长阴线，在长阴线形成当天，股价的下跌并不是被盘中出现的向下对倒单打压下去的，而是由于盘中出现了频繁地以小单的形式主动抛压而使股价下跌。

只要投资者当时能够仔细观察收出阴线当天的分时走势图，就能够较为明显地感触到这个过程中主力是在散户被麻痹的状态之下，不断将筹码抛售给他们的。而这里所说的麻痹，就是因为在收出阴线当天股价不断呈现震荡的走势，在震荡中依旧给散户“灌”了看涨的愿景。对于一般的散户来说，往往是在直接下跌之后才会意识到风险的存在，而在震荡的格局中总会抱有一丝希望。

对于在高位区域出现的向上跳空动作，新手要谨慎地去对待它，虽然在向上跳空之后，股价还有继续拓展行情的可能，但这种继续冲高的行情是新手难以把握到位的。即便要去参与，也要见好就收，一旦失手也要心甘情愿地认输出局。

接下来就来看看，在实战过程中面对这种向上跳空的个股时，在操作上具体应该如何去应对它。

操作技巧

持币者：别捡最后一块铜板

在高位区域形成这种向上跳空形态时，对于持币的新手来说，看到股价“狂飙”的同时别忽视了隐藏的风险，不要盲目冲动，更不要盲从地出手参与。这种参与不是新手能够掌握到位的，一旦失手被套，那往往都是深套。即使在出现这种跳空之后，股价会有一个冲高筑顶的过程，但对于新手来说，最好不要去参与这种谢幕前夕的行情，此时风险要远远大于收益。

持股者

（1）不在滞涨中幻想

对于这种类型的向上跳空，仅从技术角度而言，掌握起来并不难，难的是在操作过程中的心态或者情绪上是难以把控的。很多散户之所以被深套其中，其主要原因之一是在股价出现了滞涨之后，依旧对后期走势心存幻想，不舍得离开，有些是因为被套了而不愿意离开。

在高位出现的向上跳空，在引发下跌行情之前，一般会有一个滞涨的过程，而这个滞涨的过程就给了散户一个出逃的机会。当然，如果有些个股在后期赶顶的过程中上涨过于猛烈的话，也往往会在向上跳空之后直接引发一波快速的下跌行情。

在滞涨的过程中，并不一定会出现放量的现象。换言之，对于新手来说，在操作上不要仅盯着量能的放大上，有些时候缩量也有可能是主力资金在出逃，只不过是主力控制好了抛压的节奏而已。

倘若在向上跳空之后的滞涨过程中，不断有故意护盘的动作涌现，比如在买盘上频繁地挂出大买单，而卖盘上挂出来的都是一些零散性的小单，股价却又一直处于低迷的状态下运行，此时对于持股者来说就要趁早离开，不要对后市抱有过多的幻想，这个时候风险远大于收益。

（2）在低开后的反抽中离场

在高位出现向上跳空之后，股价在调头向下进入下跌通道运行之前，往往会有一个见顶的预警动作，即出现大幅度的低开，而后在当天低开之后股价在分时走势图上会出现一个反抽的动作，而这个反抽的过程，对于散户来说就是一次离场的机会。从图 5-31 中的经纬电材（300120）上，就可以看到这样的走势动作。

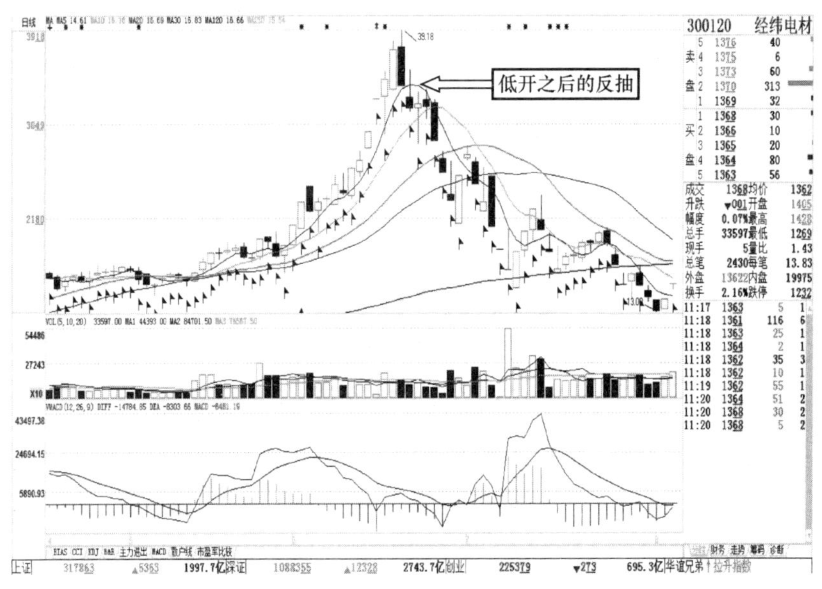

图 5-31　经纬电材（III）

出现这种低开的现象时，对于新手来说就应该把风险放在第一位，哪怕前一天股价是以大幅度高开的形式来向上跳空的，也要谨慎对待，一旦低开当天的股价跌破了 5 日均线，就此而引发一波下跌行情将是大概率事件。

在低开当天，股价一般都会有个反抽的动作，即冲高的动作。而且这种冲高是被盘中出现的向上对倒单拉起来的，倘若在冲高之后受到了明显的阻力而促使股价回落的话，这个时候就是一个比较好的卖出时机。

面对这种类型的走势时，新手往往失手在心态上，见到股价低开之后出现了冲高，往往还会对接下来的走势抱有希望。很多散户在股价进入高位时，就是在犹豫中被深深套住的。从图 5-32 中的健康元（600380）中也可以看到，该股在高位出现向上跳空之后，也有一个低开反抽的动作，这个动作同样给了散户离场的机会。

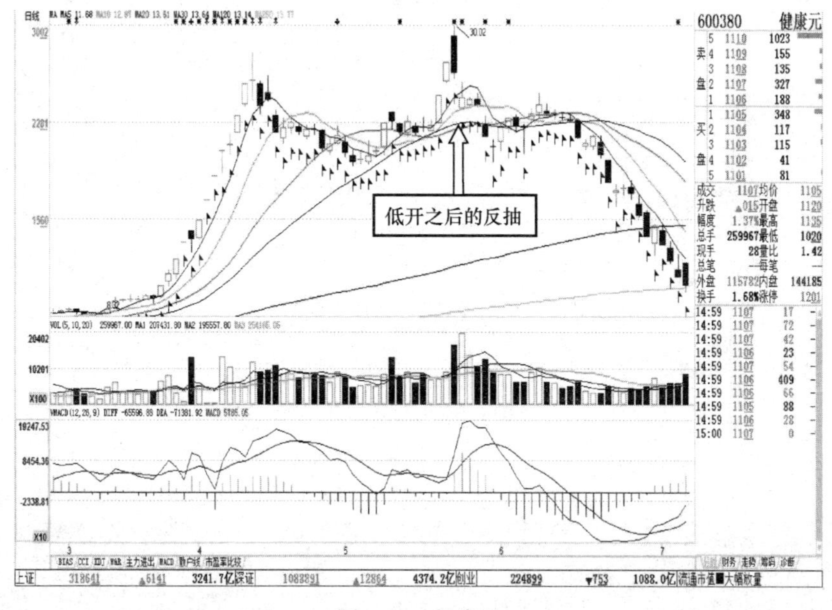

图 5-32　健康元

（3）别在二次筑顶中贪婪

对于在二次筑顶过程中出现的向上跳空，新手要尤其谨慎，不要轻易入场去参与，虽然向上跳空之后会有继续冲高的可能性，但一旦受阻下跌，往往会引发暴跌行情。

在二次筑顶过程中出现向上跳空形态时，作为新手，倘若持有筹码的话，要重点关注股价运行到前一次高点附近时的动态。一旦在前一次高点附近受到了明显的阻力而呈现回落的走势，同时在回落的过程中不断有主动性的卖单涌现，这个时候作为新手而言就应该清仓出局，尤其是在当天收出一根长阴线的情况下，更要把风险放在第一位。

如图 5-33 所示的锐奇股份（300126），该股在高位区域的二次筑顶过程中出现向上跳空之后，便直接收出一根长阴线，对于新手来说，在当天就应该清仓出局。

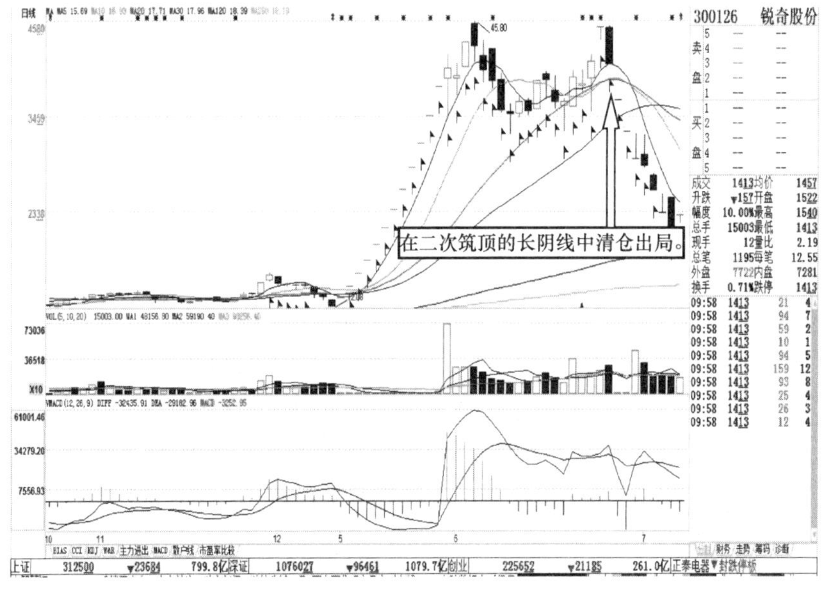

图 5-33　锐奇股份

温馨提示：

在这种场景之下形成此类形态时，对于新手而言，要懂得有些可为，而有些是不可为的投资理念，对已持币者而言，宁可做个看客，先积累经验后再去谈“富贵险中求”。而对于持股者来说，要善于见好就收，不要指望每次都能卖到最高点，一旦风险信号出现，应该落袋为安，变现了才是真正的盈利。

新手导语

对于新手而言，在研究向上跳空的K线形态时，首先不能过于激动，不要看到股价出现走强，尤其是出现大幅度高开时，就按捺不住情绪而盲目地入场参与操作。

对于向上跳空的形态，首先要看清楚形势，即当时的大盘是处于什么形势下运行的，倘若是处于明显的下跌通道运行的，或者处于高位区域运行的，那么针对个股出现的向上跳空就要谨慎对待了，一旦向上跳空之后出现滞涨的走势，就要做好风险防控的工作。

其次是要关注点位上的问题，即当时的个股是处于什么点位运行的。倘若是处于高位区域运行的，那在操作上就要时刻谨慎，一旦出现走弱，对于新手而言，就要及时出局，回避有可能出现的风险。

在股价一路疯狂之后出现向上跳空时，往往是在一追高进去后，股价却调头下跌。而有时候自己持有的在低位没有表现过的个股，一旦自己按捺不住而卖出之后，它却突然起涨了。很多人抱怨这是自己的运气不好，其实这是心态和操作方向的问题。在这个市场中，对于很多散户来说，丢的是未来，做的是过去，这才导致了“一买就跌，一卖就涨”的现象产生。

无论是上涨过程中的向上跳空，还是处于低位区域的低迷走势，投资者都要善于透过形态的表面去深入细节上的研究，从细节动态中寻找操作上的方向，这种操作才是更加踏实、更有把握性的。

无论如何参与，参与的本身没有对于错之分，但前提是能够承受得起。在自己承受能力范围之内去参与，这是一种理性，这种参与才会是开心的，不管输赢。对于新手来说，在参与的过程中一定要量力而行。

股市犹如一盘棋，落子容易，收官难。在其中参与，首先得让自己静下来，过于急躁或过于浮躁，往往都不会有理想的收官。而对于新手来说，最难以克服的往往就是急躁的心态，“求财心切”的心态。

第六章　读懂向下跳空中的潜在风险

从某种层面来讲，向下跳空是一种看跌的信号，是空方在当天开盘时“集中释放”的一种表现。一般情况下，出现向下跳空的形态后，往往会从负面的方向影响股价的走势，尤其当股价在高位区域或者阶段性高位区域运行时，这个时候的负面影响会更加明显。

对于新手而言，在实战过程中碰到向下跳空的动作时，在操作上要尤其谨慎，不可轻易地忽视这种形态的看跌功能。

对于这种形态而言，出现“向下跳空”时前一天收出的K线可以是阳线，也可以是阴线，只要股价在第二天的走势中低于前一天的最低价格开盘，并且最终截至收盘时留下一个向下的缺口，就称其为“向下跳空”形态，如图6-1所示。

图6-1　向下跳空（Ⅰ）

在出现“向下跳空”时，前后两天收出的K线中都可以带有上下影线，而且第二天股价可以是大幅度低开，然后开盘后出现高走并且收出一个不带上下影线的阳线。只要截至当天收盘时留下了一个缺口没有被回补，那么这样的形态同样是“向下跳空”，如图6-2所示。

图6-2　向下跳空（Ⅱ）

从股价开盘时的现象就可以看出买卖双方经过“一夜的思考”之后看跌的投资者占据了上风，从而导致早盘一开盘就出现了大幅度的低开。仅从当天的走势动态来看，这是后市股价即将出现下跌的一种预警信号，但要想更为准确地判定这种形态对后市的预测功能，那就必须透过这种形态本身去深入盘面动态上的研究，以及结合当时股价所处的场景去综合判断。

对于这种向下跳空的形态，从市场意义的角度而言，一般具有以下几种导向性的预测功能。

场景一：大跌前的热身动作

很多个股在一波大跌行情来临之际，在其盘面的动态上其实都是有预警信号出现的，而这里所谈到的向下跳空就是其中的一种预警信号。当这“一跳”出现在股价经历长期上涨之后的高位区域时，往往会引发一轮大跌行情。

实例观察

下面我们先来看一个实例。

例如安阳钢铁（600569）（见图 6-3）：该股当时在高位区域运行时就出现了大幅度的向下跳空形态，随后便引发了一轮快速下跌的行情。

这种情况下的向下跳空不一定需要放量，对于很多新手而言，在分析的过程中往往会将重点放在量能的变化上，认为只要不放量就是安全的。其实这种理解是不全面的，不能仅根据量能的萎缩与放大来下“死结论”。

倘若目标个股的主力在向下跳空之前的拉升过程中，就逐步地将筹码抛售得差不多了，那么在向下跳空当天同样可以做到缩量下跌并收出大阴线。倘若在这种情况下投资者依旧按照“老套路”仅站在量的变化上去思考的话，那往往是会吃大亏的。尤其是在高位区域走出了一波加速拉升的行情时而直接出现的向下跳空，这个时候对于新手来说，一是不舍得，二是不相信行情会就此直接结束。

图 6-3 安阳钢铁（Ⅰ）

在诱多的加速拉升动作下，无论是在前期入场参与的，还是刚刚在高位入场参与的，对于新手来说，即便看到了看跌信号，在心理上往往也会有不舍得的情结。一旦这种情结无法释怀，那也是很容易被深套其中的。另外，有些行情的终结不需要有酝酿的过程。在这个市场中，干脆利落的下跌，甚至暴跌行情也是时常会出现的。

接下来就来看看，在这种场景之下形成向下跳空时，在分析的过程中应该抓住哪些要点进行综合性的解读。

场景解读

要点一：跳空前的放量

对于这种跳空动作而言，作为新手，要重点关注出现向下跳空之前股价的运行动态，尤其是在量能上的变化，这一重点对于新手来说能够较为直接地看出来，换言之，是比较容易悟出所以然出来的。

倘若在向下对倒之前，走出了一波放量的上涨行情，尤其是以放量加速拉升的形式来拉升股价的，那投资者就要高度谨慎了。这种放量往往是主力在抛售筹码而导致的，主力借助拉升的动作来掩饰抛售的行为，对于一般的散户来说，在看到股价不断推高时，往往就会忽视放量这一细节，有些散户甚至会认为此时成交量的放大是好事，是量价配合密切的表现。

从图 6-4 中的安阳钢铁（600569）就可以看到，该股当时在出现向下跳空之前就呈现了放量拉升的动作，而且这种放量持续了一段时间。其实在放量的过程中，主力资金就已经开始不断向外抛售筹码了。

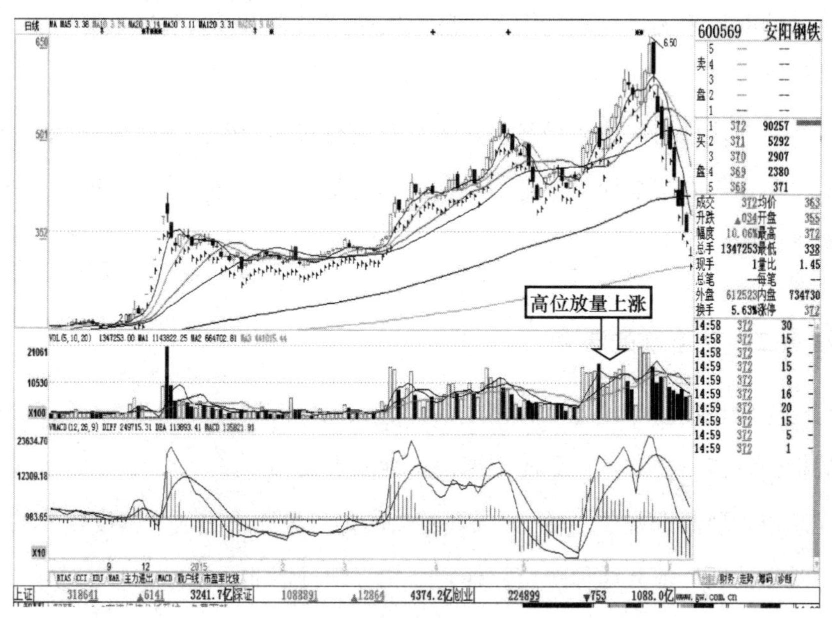

图 6-4　安阳钢铁（II）

在高位区域出现这种持续性的放量时，投资者就要引起高度谨慎，要重点关注这种成交量是如何释放出来的。

倘若这个过程中的成交量主要是通过两个途径释放出来的，即在股价上涨的过程中不断有向上对倒单涌现，同时在股价上涨的过程中，不断出现以小单形式抛售的现象，从而促使这个过程中的成交量出现了放大。那么这种放量往往就是主力资金出逃的迹象，换言之，在这种情况下一旦出现向下跳空，对于新手来说就要及时回避风险。

这个过程中的向上对倒动作其实是主力故意用来迷惑散户的，既能将股价拉上去，又能让散户感到买盘积极的表现，以此来误导散户，促使他们入场接盘，从而在这个过程中逐步将筹码抛售给他们。

对于这种放量，在动态盘上还有一个较为明显的迹象可寻，那就是在放量上涨的过程中，买盘上会频繁挂出大手笔的单子，而卖盘上几乎不会出现挂出大单的现象。以挂出大买单的方式来吸引场外资金入场买进，对于大部分实战经验不是很丰富的散户来说，看到股价上涨的同时买盘上又出现大买单，是很容易被诱惑入场买进的。

当然，在这种情况下入场参与的本身是没有对错的，关键是要看能否把握好其中的节奏，倘若实战经验不是很丰富的话，是难以及时获利了结的，是很容易被深套其中的。

要点二：跳空前的滞涨

有些个股在经历一轮上涨行情之后，进入高位区域运行时往往会给散户一个出逃的机会，即不会立刻见顶而出现快速性的下跌。

在高位出现滞涨现象之后，如果在随后的走势里股价出现大幅度低开的动作，即向下跳空的话，那么这种跳空往往是一轮下跌行情的开始。

对于新手来说，碰见这种形式的向下跳空时，需要将风险放在第一位，不能盲目地对其后市的走势过于乐观。这种情况下，一旦引发下跌行情，往往会是一波快速的下跌行情。

从图 6-5 的海得控股（002184）中可以看到，该股当时就是在高位出现了数天的滞涨之后走出了向下跳空的形态，而后便引发了一波快速的下跌行情。

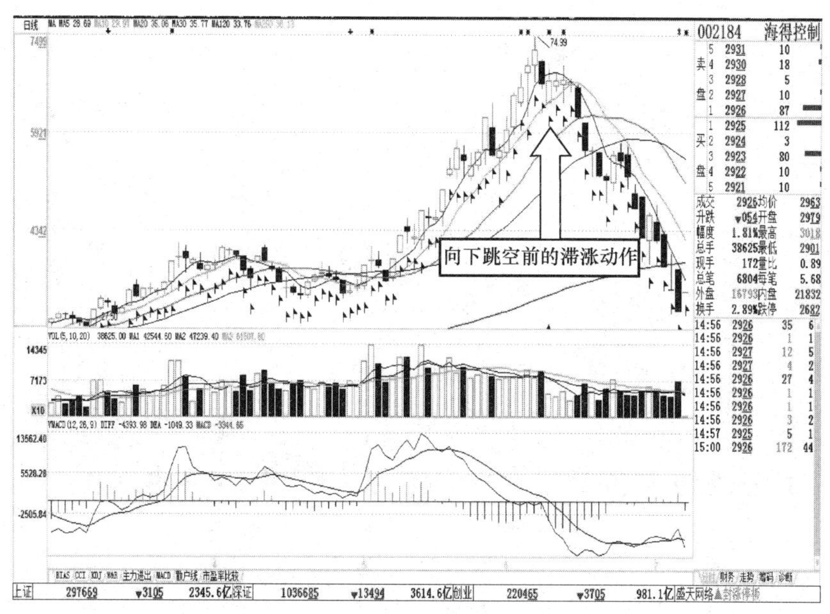

图 6-5 海得控股

对于该股的这种滞涨后的向下跳空，在操作上回避起来或许比较简单，毕竟在向下跳空的前一天里收出了一根下跌的长阴线，有了这根长阴线就更容易让散户感觉到风险的存在，从而不会再对后市过于憧憬。但有些个股是在滞涨之后，直接向下形成跳空，在向下跳空当天股价在分时走势图上呈现单边式的下跌，即在当天的运行过程中，股价几乎不会有像样的反弹出现。在这种情况下，对于新手来说，在操作上不能过于留恋，要意识到高位的下跌有些时候就是直接性的。

要点三：高位挂天线

有些个股在进入高位区域运行，尤其经历一波快速拉升的动作之后，往往会出现快速冲高回落，并收出一根带有长长上影线的 K 线形态，紧接着就出现向下跳空的形态。这种带有长长上影线的 K 线称之为高位“挂天线”，在这种情况下收出的向下跳空是需要高度谨慎的，后市股价往往会走出一波快速下跌的行情。

从图 6-6 中的柳钢股份（601003）就可以看到，该股在向下跳空之前就事先出现了高位“挂天线”的预警信号。

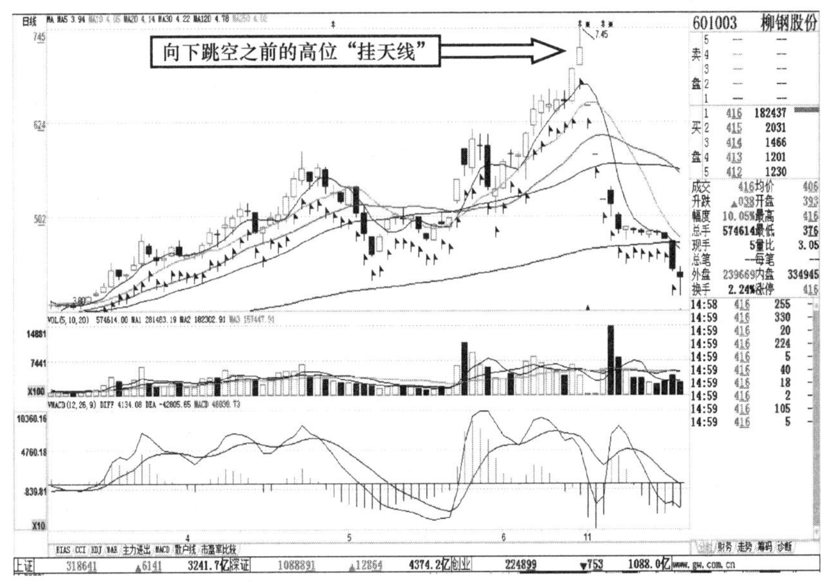

图 6-6 柳钢股份

对于这种“挂天线”的形态，新手在分析的过程中，要重点抓住以下这两个角度：

首先，关注股价在当天冲高过程中的动态，即重点关注股价在当天的分时走势图上是以何种形式冲上去的。倘若是被频繁性的向上对倒拉上去的，在分时走势图上呈现直线式的冲高，那么这种冲高往往就是主力资金故意制造的诱多动作，并不是市场本身的上涨意愿所促使的股价上冲。

其次，关注当天冲高之后的回落动作上的细节，即关注是以何种形式回落下来的。倘若冲高之后是以逐步震荡的形式回落的，同时在回落的过程中不断有主动性的抛压涌现，买盘上也时常挂出大手笔的单子，但每当股价下跌到这个价位附近时，这些大单就会被自动撤掉，随后股价继续下跌，那么这种回落就是风险预警的信号，是主力在不断抛售筹码而促使回落的，并不是被刻意打压而形成的回落。换言之，这种回落往往会引发一波下跌行情。

倘若在高位“挂天线”的过程中，出现了以上这些走势迹象，那么基本上可以确定主力在不断地抛售筹码了，在这种情况下所形成的向下跳空就是风险极大的一个看跌信号。当然，这种高位“挂天线”的动作有些时候也不只是“一根”，有些会连续两三天甚至数天都收出这种形态，即在高位反复地出现冲高回落的走势。对于这种现象，投资者要注重当天冲高过程以及回落过程中的细节变化，从这些细节上判断主力的操盘意图，进而确定自身的操作方向。另外，并不是在高位“挂天线”出现后向下跳空时，股价就一定会立刻走出一波下跌的行情，有些也会在形成向下跳空之后走出几天的滞涨行情，随后再引发一波真正意义上的下跌行情。

图 6-7 中的京能置业（600791），该股在形成这种向下跳空之后，股价就没有立刻下跌，而是在“犹豫”了两天之后在再次向下跳空之后，才引发一轮下跌行情。

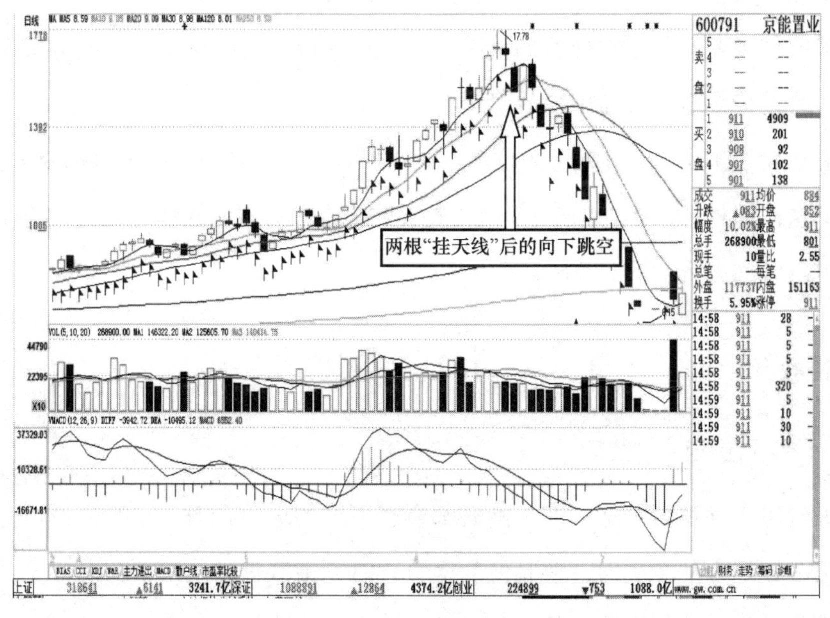

图 6-7　京能置业

下面就来看看，在实战过程中碰到这种场景下的向下跳空的形态时，如何在操作上去应对它。

操作技巧

持币者：别让思维停在前面

对于场外持币的投资者而言，看到这种场景之下的向下跳空时，往往还会让自己的思维沉醉在前期股价的上涨过程中，尤其是在此之前走出了一波加速拉升行情时，更容易让投资者一直沉醉于这种喜悦中。

倘若有这种思维存在，往往会让投资者先入为主地认为这种向下跳空是洗盘动作而已，而忽视了当时的股价是处于高位区域运行的，同时更忘记了高位区域时主力往往会采用加速拉升的手法来诱多。

在这种思维的左右下，盲目地入场参与是再正常不过的了，这种不理性的操作更多地体现在抵挡不住诱惑的情绪之上。在这种情绪的影响下，风险意识荡然无存，这是很多新手容易出现的问题。

对于新手来说，股价处于高位区域运行时，一切可能的风险信号都要去重视，不要随意在这种风口上“点灯”。一旦失手被套，在后期的操作过程中，是需要花很长一段时间去解套的。

持股者

（1）不在长阴中留恋

股价进入高位区域运行时，随时都会有下跌的风险，对于新手来说，持有处于高位区域运行的个股时，要且做且谨慎。时刻留意盘中的细节动态，尤其当高位区域出现了一波加速拉升的动作时，一旦出现向下跳空，不能轻易忽视它所带来的风险。

有些个股在进入高位筑顶时，往往会收出一根下跌的长阴线，随后紧跟着出现向下跳空的走势。在这种情况下，对于新手来说，就不要去留恋它的后期走势了，投资者持有这种类型的个股时，应该把风险放在第一位，及时清仓出局。

从图 6-8 中的永新股份（002014）中可以看到，该股在高位收出长阴线之后，在接下来的一天里就紧跟着形成了向下跳空的动作，随之而来的就是一波快速下跌的行情。

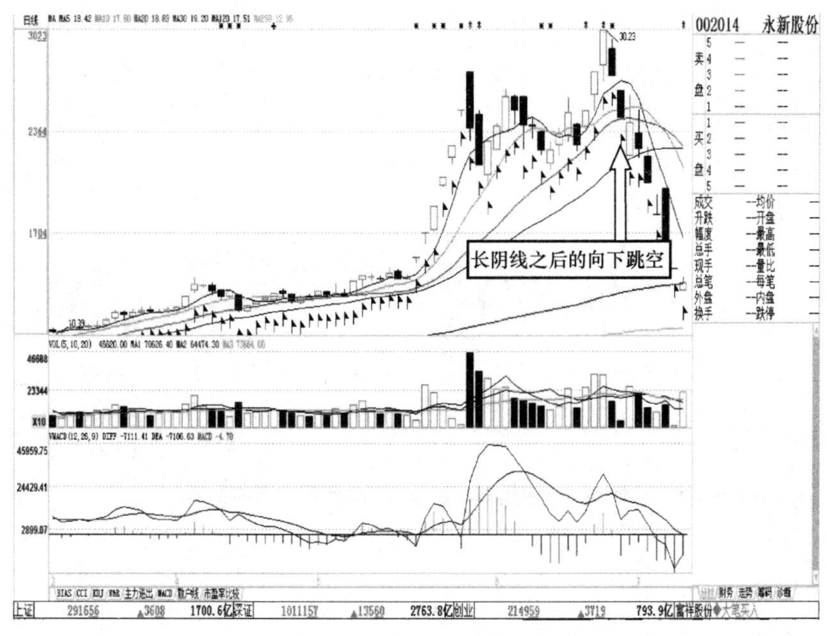

图 6-8　永新股份

对于这种阴线，不仅放量时需要注意，缩量长阴也同样需要谨慎。倘若在出现这种长阴线之前股价走出了一波加速拉升的动作，同时在收出长阴线当天的走势里盘中不断有刻意性护盘的动作出现，即在买盘上频繁地挂出大手笔的单子。

倘若有这些迹象，即便是缩量长阴，那在出现向下跳空之后，投资者也同样要做好风险防控工作，对于新手来说，应该及时了结出局。

（2）跌停跳空能走就走

对于一些经历大幅度上涨的个股，进入高位区域后往往会以涨停的形式来筑顶，而后又直接以开盘就跌停的形式向下跳空并引发一波快速性的下跌行情。尤其是在大盘处于高位区域运行时，这种跳空现象比较常见。

对于这种类型的个股，主力资金往往在前面的拉升过程中就将筹码抛售得差不多了，或者受到了突发性的实质利空影响，而导致盘中出现恐慌性的抛压。这种类型的个股一旦下跌，很有可能迎来一波暴跌行情。

从图 6-9 的江山化工（002061）上可以看到，该股当时在高位区域运行时，就出现了这种向下跳空的走势，随之而来的则是一波快速下跌的行情。

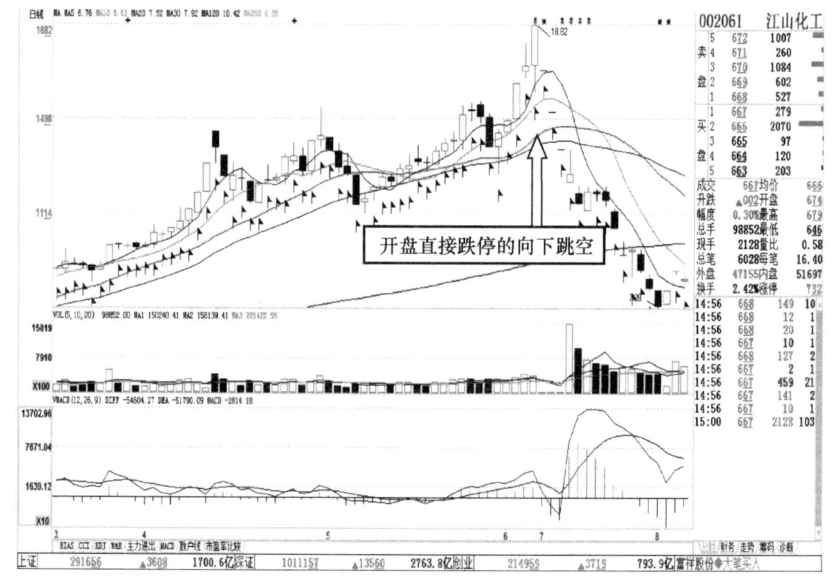

图 6-9　江山化工（Ⅰ）

新手倘若持有这种类型的个股，在跌停当天能走（抛售）尽量走，这个时候后市的风险是远远大于收益的。倘若连续两三天开盘就跌停而无法离场时，一旦股价接下来出现突发性的反弹，在反弹无力时就应该趁机出逃，后市股价继续下跌则是大概率事件。

一般情况下，这种类型的个股在开盘就向下跳空跌停的话，往往在当天会有一个盘中冲高回落的动作，一旦冲高后受到明显的阻力，对于新手而言就应该清仓出局。从图 6-10 的金马股份（000980）上就可以看到，该股在向下跳空跌停当天就出现了一波盘中冲高回落的动作。

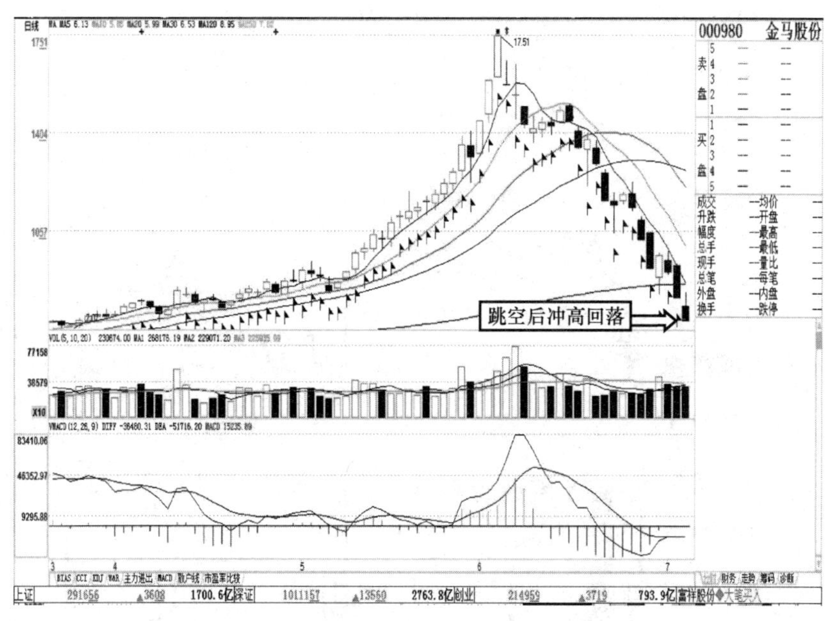

图 6-10　金马股份

对于这种形式的向下跳空，往往在前一天会以涨停的形式来“配合”，或者在前一天里收出强势上涨的大阳线。

在前一天的涨停中，股价往往是在尾市里突然被拉起并封住涨停的，这样能大幅度地降低“做盘”的成本，又能在收盘之后吸引散户的眼球。从图 6-11 中可以看到，这是上述谈到的江山化工（002061）前一天涨停时的分时走势图，该股就是在尾市收盘前迅速封涨停的。

而对于在前一天强势收出大阳线的走势时，股价也往往是在尾市才开始发力，在分时走势图上会呈现直线式的上冲。换言之，当天的股价基本上是在尾市涨上去的。

另外，对于前一天的涨停，或者强势收出大阳线的个股，在盘面上会有一个较为明显的特征。那就是在出现强势拉升之前，股价在当天的分时走势图上会出现反复的震荡，震荡的形式有时候是宽幅度，而有时候是窄幅度，这个要根据主力的性格而定。但无论是宽幅度的震荡，还是窄幅度的震荡，在震荡过程中成交量都会出现明显的放大。换言之，当天所释放出来的成交量中，大部分的量是在这个过程中所积累释放出来的。

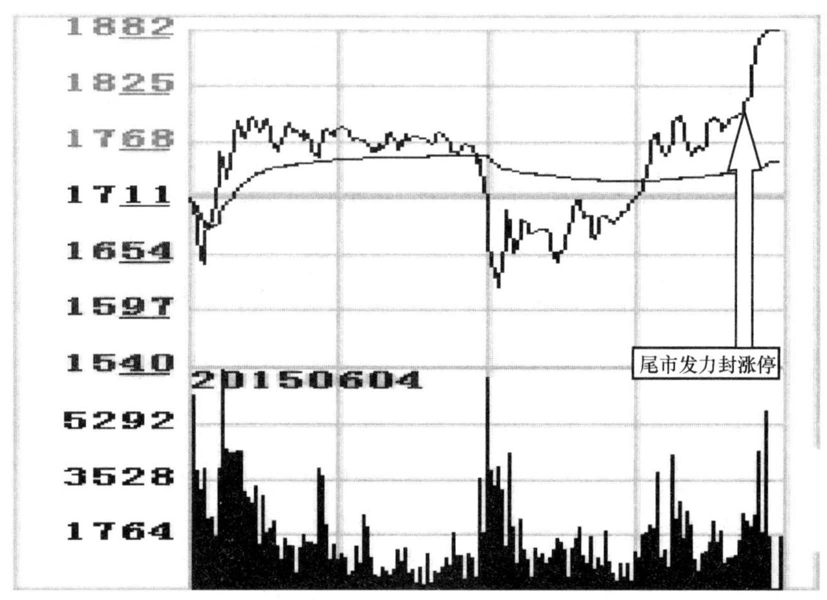

图 6-11　江山化工（Ⅱ）

在震荡的过程中所释放出来的成交量，主要是由于盘中出现了明显的主动性抛压而导致的。同时在震荡的过程中，买盘上时常会出现挂大单的刻意护盘动作，以此来吸引场外资金的关注，再加之在尾市出现的那种强势拉升，就更容易让那些一直盯着盘面但又没有深入细节并结合当时的点位去思考的散户所心动。

对于这种类型的个股，其实在向下跳空前一天的涨停，或者强势收出大阳线的过程中，对于稍有经验的投资者来说就应该选择出局。但对于大部分散户来说，这个时候往往又难以跨过心理这一关口，毕竟当天的股价还是处于强势的，不相信随之而来的会是大跌行情。

温馨提示：

在这种场景下形成此类形态时，对于新手而言，一是不要过于留恋，在风险信号出现之时就要及时考虑离开，或者进行减仓的操作；二是不能过于留恋，不能将思维停留在前期的上涨行情中，尤其当在此之前出现了一波加速拉升时，不要盲目地在高位入场接盘。

场景二：极度恐慌下的泻盘

股价进入下跌通道运行之后，往往会在某些突发事件的影响下，或者外围市场走弱的影响下，出现恐慌性的泻盘动作。当然，除了受到这些因素的影响之外，有时候就其市场本身的属性而言，也会出现加速下挫的动作。而无论是因为恐慌性的泻盘，还是市场本身的加速下跌走势，都会出现向下跳空的走势行情。

对于这种形式的向下跳空，从某种层面而言，是机会和风险并存的。

这种类型的个股，在突发性的集中宣泄之后，往往会有技术性反弹的需求，这种反弹有时候也是较为强劲的。倘若能从当时的盘面迹象上确定这种技术性反弹的话，那么投资者在短期内也能获取较为丰厚的收益。当然，这种类型的个股也有巨大的风险，倘若该股被大幅度地恶炒了，那么这种泻盘式的向下跳空往往就是一轮加速下跌行情的开始。

接下来先来观察一个实例。

实例观察

例如杭州解百（600814）（见图 6-12）：该股在进入下跌通道运行时，就出现了这种形式的向下跳空，股价连续两天以开盘就跌停的形式向下跳空。

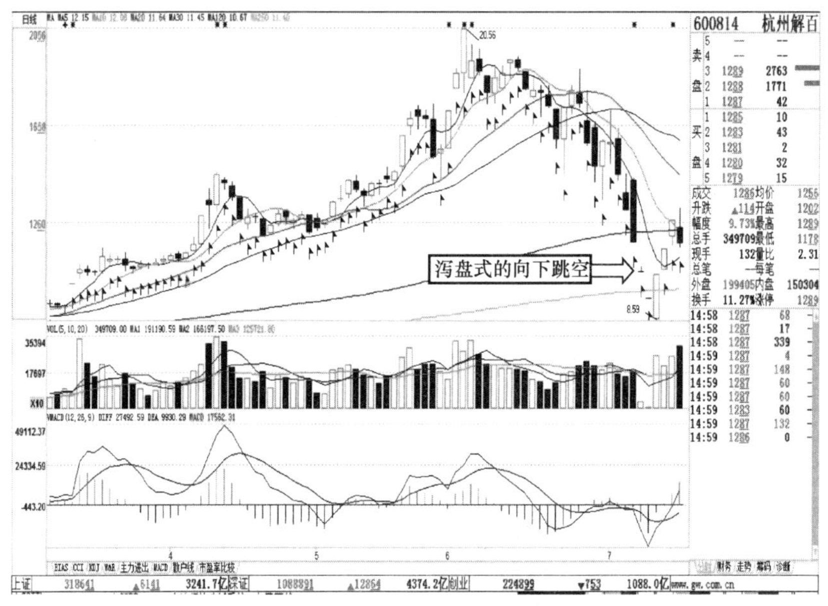

图 6-12 杭州解百（Ⅰ）

对于该股而言，造成泻盘的原因有以下两个方面。

一是在以开盘就跌停的形式向下跳空之前，股价收出了一根下跌的大阴线。就这根大阴线本身而言，就给当时本已处于下跌途中的趋势带来了心理层面上的担忧。

二是在收出这根下跌的大阴线当天，股价直接跌破了半年线的支撑。从技术角度而言，这无疑是对持股者一次较为沉重的打击。

在这种泻盘的影响下，该股连续两天以开盘就跌停的形式向下跳空。但从图 6-13 上可以看到，股价在连续向下跳空之后迎来了一波较为强劲的技术性反弹。

图 6-13　杭州解百（Ⅱ）

对于这种类型的向下跳空，一般情况下，除非是主力资金的一种刻意打压，否则，向下跳空之后即便迎来了一波较为强劲的反弹，也往往只是技术性的反弹，反弹之后股价继续沿着下跌通道运行将会是大概率事件。

接下来就来看看，在这种场景下形成此类形态时，在分析的过程中需要注意盘面上的哪些细节要点。

场景解读

对于这种类型的向下跳空动作，新手在跟盘分析的过程中，可着重关注以下几个要点。

要点一：关注跳空的外因

对于这种刚从高位区域进入下跌通道不久的个股，一般情况下，要么在形态上走出了让投资者恐慌的走势动作，要么受到了突发性的利空影响。这种利空影响一般被称为外因，在外因的“夹击”下，会让原本就处于下跌趋势的股价进入加速下挫的通道运行。

对于新手来说，一定要重视个股在受到外因的影响时，而出现的向下跳空的走势形态。尤其是在高位区域刚进入下跌通道运行不久的个股，即便向下跳空之后出现了止跌的动作，投资者最好也不要轻易入场参与，从某种程度而言，此时的操作不适合新手。

要点二：失守重要关口

对于大部分散户而言，在实战过程中比较侧重于技术层面上的分析，一旦股价进入下跌趋势，跌破了一些重要的技术支撑位，那么至少在投资者心理层面上会出现一定性的恐慌。这种恐慌情绪一旦蔓延，就很容易促使股价出现向下跳空的走势，同时这种跳空也会引发新一轮的下跌行情。换言之，新手在分析的过程中，首先要关注这种向下跳空是出现在重要的技术支撑位之上还是之下的。

这里所谈到的重要技术支撑位，主要是指半年线及年线上的支撑。对于技术派而言，半年线及其年线上的支撑力度是一个很重要的点。一旦毫无抵抗地失守跌破，那就会在一定程度上出现恐慌性的抛压。倘若是在破了这种重要的技术支撑位之后出现的向下跳空，那么这种跳空的杀伤力是不容小觑的。至少在跳空当天，甚至在接下来的数天里，股价会出现较大幅度的下挫。

从图 6-14 的国电南瑞（600406）中可以看到，该股就是在股价连续跌破半年线和年线的双重支撑位后引发了向下跳空的走势，并且在接下来的几天里，股价继续深幅度地下挫。

重要技术支撑位的失守，是这类向下跳空类型个股的特征之一。换言之，对于新手来说，倘若在实战中发现了这种形式的失守，就要提前意识到接下来股价出现向下跳空的走势是大概率事件。有了这种意识，就能大大降低因突发性向下跳空所带来的风险。

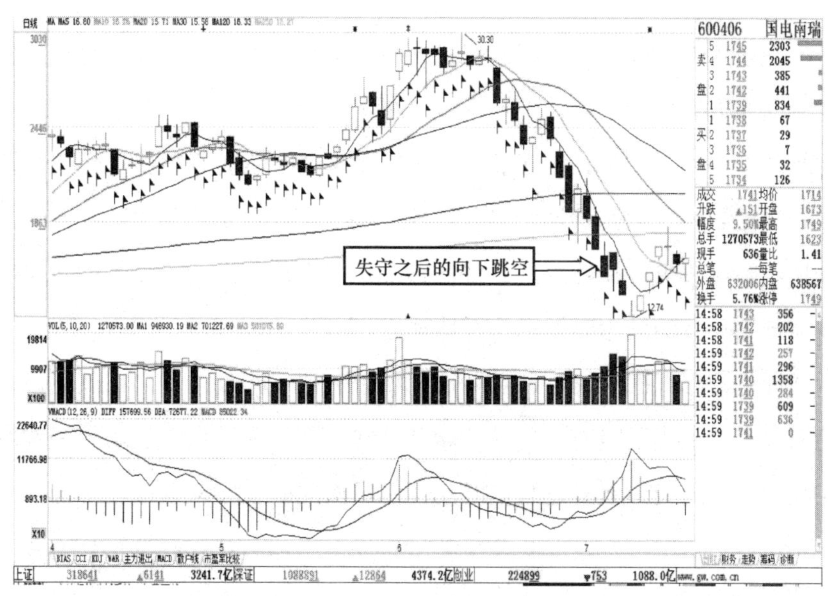

图 6-14　国电南瑞（Ⅰ）

要点三：抵抗乏力

对于这种形式的向下跳空，股价在跳空当天的运行中，虽然会有抵抗下跌的动作出现，但这种抵抗会出现明显的乏力。即在当天的分时走势图上，有些时候会呈现反弹的走势，但无论是从反弹的力度，还是从反弹的持续性而言，往往都是试探性的，或者说是象征性的。

另外，在向下跳空当天的运行过程中，卖盘上一般不会出现大手笔的挂单，倘若有的话，也往往是积累起来的，而不是一次性挂上去的。换言之，这种大单并不是主力故意挂上去的，反映了市场的本意。

操作技巧

持币者：在控制头寸中参与反弹

对于风险承受能力较强的新手而言，在经历向下跳空的大挫之后，股价明显止跌并出现技术性反弹时，可以适当地入场参与反弹，但在参与的过程中要根据自身的承受能力去控制仓位，不宜重仓参与。

在具体参与的过程中，对于新手来说，要注重止跌验证信号的出现，即在没有形成企稳的阳线之前是不能轻易入场参与的。在收出企稳的大阳线当天，投资者可在尾市临近收盘时试探性地入场买进。待其在接下来的第二天的走势里，确定具备能延续反弹的动力时再适当性地加仓。

例如国电南瑞（600406）（见图 6-15），在该股中企稳止跌之后就出现了一根上涨的阳线，这根阳线具有一定性的验证功能。对于风险承受能力较强的新手而言，在收出这根阳线当天临近收盘时就可以试探性地入场参与。

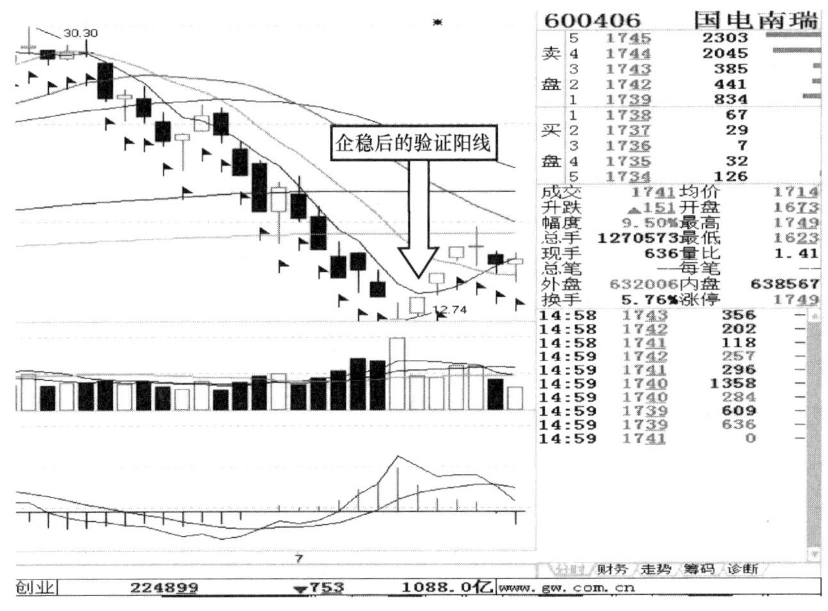

图 6-15 国电南瑞（Ⅱ）

参与之后，投资者也要时刻关注它的运行动态，一旦失去反弹动力，就要及时获利了结，不宜过度恋战。尤其是在股价反弹到重要的技术压力位置附近（如半年线及年线附近时）一旦受阻，往往就会引发一轮继续下跌的行情。

例如宁波联合（600051）（见图 6-16）：该股在经历技术性反弹之后，股价反弹至半年线附近时就受到了阻力，在接下来的运行中虽然也曾多次向上试探性突破，但最终依旧没能形成真正意义上的突破，随后的股价继续向下寻底。

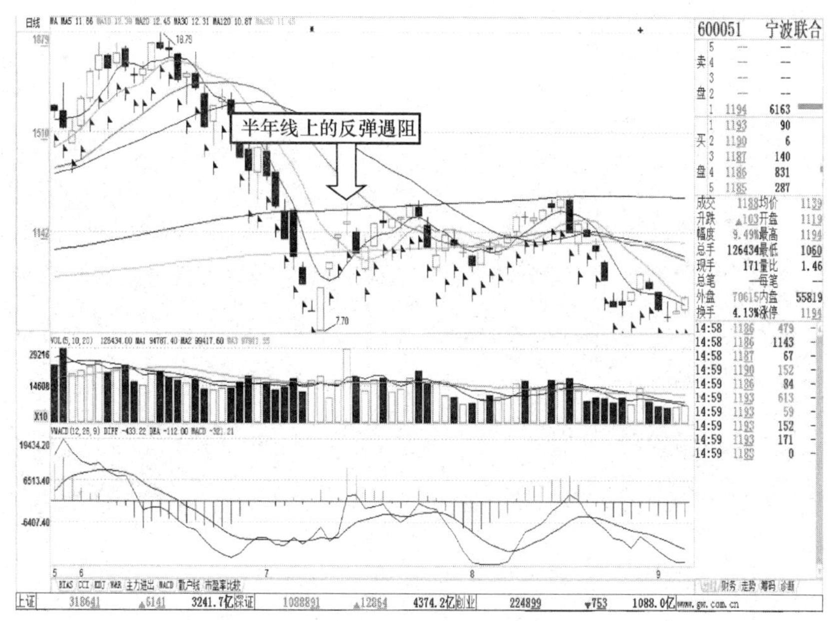

图 6-16　宁波联合

对于新手来说，在参与这种抢技术性反弹的过程中，要保持好心态，控制好仓位，并把握好反弹的节奏，一旦出现反弹乏力的迹象，保住收益是首先要考虑到的。很多新手往往因为过度恋战，最终导致自己反被深套其中。

持股者：将风险防控放在首位

对于新手来说，倘若持有这种类型的向下跳空的个股，同时当时的股价又是刚刚从高位区域进入下跌通道运行的，那么首先要将风险放在第一位，即便被套了也要止损出局，至少要将仓位减下来。

虽然这种类型的向下跳空，在后面的运行过程中往往会迎来一波技术性的反弹，但这种反弹也多是在经历继续大挫之后才会出现的，同时这种反弹虽然力度较大，但一般情况下是难以持续的。

从另一个层面而言，即便随后的反弹力度较为强劲，对于新手来说，也未必能把握好这种反弹的节奏。如果前面是重仓被深套的话，也难以通过后面的技术性反弹来实现对冲的想法。

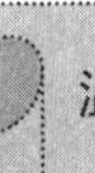

温馨提示：

在这种场景下形成此类形态时，对于新手而言，尽量多看少动。虽然个股在加速赶底的时候，也往往会出现这种走势形态，但倘若没有把握好入场参与的时间节点，往往会因为买得过早而被套在其中。在股价还没有触底之前，就会在强大的心理压力之下认输出局。这种失误是很多投资者，尤其是新手容易犯的。

场景三：二次寻底

股价经历一轮长期的下跌行情之后，或者经历了一轮阶段性的下跌后，往往会出现企稳止跌的反弹动作，但在反弹终止之后，股价往往会再次向下寻底，而在这个过程中也时常会出现向下跳空的走势形态。换言之，当向下跳空形态出现在长期下跌之后的低位区域时，这种动作往往预示着股价在加速寻底，或者在进行二次寻底。

下面先来观察一个实例

实例观察

例如六国化工（600470）（见图 6-17）：该股当时就是在经历一波企稳反弹之

后，在再次向下寻底的过程中出现了向下跳空的形态，这种跳空引发了当时股价再次进入迅速下挫的通道运行，让很多抢反弹的投资者手足无措。

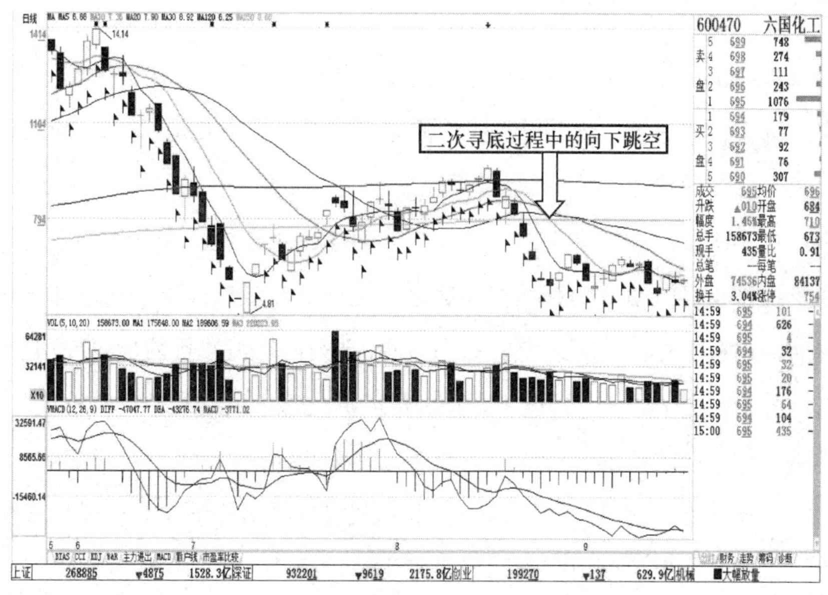

图 6-17　六国化工（Ⅰ）

对于这种类型的向下跳空，新手是很容易受伤的。首先是抢反弹之后不能及时获利了结，而在随后的向下跳空中导致自己被深套其中，这种向下跳空往往会引发一轮快速向下寻底的走势。

其次，对于一些新手来说，在这种向下跳空的过程中很容易急于入场抄底，一旦入场买进之后股价继续下跌，在缺乏实战经验的前提下，也是很难通过后期的反弹来对冲并降低损失的。倘若能够掌握这种向下跳空的盘面迹象的话，那么在继续寻底之后的企稳回升时，也能获取较为丰厚的利润。

接下来就来看看，在实战过程中，新手在进行分析时又该抓住盘面上的哪些要点。

场景解读

对于新手来说，在实战分析的过程中，可重点参考以下这些盘面要点进行分析。

要点一：反复性的筑底

当股价经历一波长期大幅度的下跌之后，或者在经历一波快速性的下跌之后，达到真正意义上的底部，或者说阶段性的底部需要经历反复地“磨”，即这种筑底是需要反复酝酿的。

面对这个阶段出现的向下跳空形态时，对于新手来说，在分析判断的过程中就要注重这种反复性筑底的存在。换言之，当股价在低位出现一次反弹之后，在继续寻底的过程中形成向下跳空的形态之时，要耐心等待股价的反复性整理筑底。在没有这种酝酿之前，一般情况下，股价难以形成真正意义上的反转行情的底部，或者是阶段性行情的底部。

在这种反复性“磨底”的过程中，其形式可以是多样的，可以是以反复性震荡的形式来完成，也可以用横盘的形式来实现。

例如六国化工（600470）（见图 6-18）：该股在前一次的反弹受阻之后的回落过程中就出现了连续向下跳空的动作，而后在前期低位附近经历了一波反复性的震荡整理。

对于这种反复“磨底”的动作，即反复筑底的动作，在分析的过程中，不能仅盯着日 K 线走势图上的形态去直接下结论，而应该深入这个过程中的细节动作进行综合分析。

对于这个过程中的细节动作，可以重点关注以下几个方面。

首先，缩量与放量本身并不重要，重要的是这个过程中成交量的释放方式。在反复性的筑底过程中，无论是阶段性的筑底，还是一轮长期扭转行情的筑底，放量与缩量本身并不是判断后市行情的关键所在。换言之，这个过程中的成交量可以是放大的，也可以是萎缩的。倘若是放量的话，同时这个过程中所释放出来的成交量中，大部分都是主力资金故意对倒而产生的，那么这种放量也是正常的，只要这个过程中没有引发恐慌性的抛压，这种寻底就是有意义的。

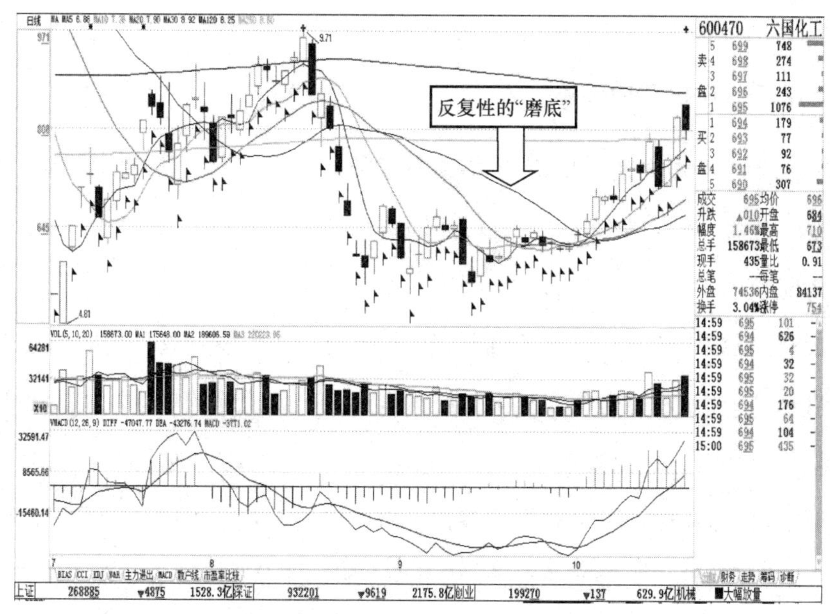

图 6-18　六国化工（Ⅱ）

倘若这个过程中的放量是由于盘中出现了大量的主动性抛压而导致的，再或者是主力在采用对倒的形式打压股价之后，促使盘面上出现了明显的主动性抛压，从而促使成交量出现放大的话，那么这种反复性的"磨底"未必能成功，后市股价往往还会有一个继续下挫的动作。当然，在这种放量之后最好能有个缩量的过程，即经历主力资金故意对倒打压促使成交量放大，且在主力停止干涉动作之后，市场能迅速恢复平静，此时的企稳止跌往往会迎来一轮上涨的行情。

其次，在反复"磨底"的过程中，要有明显故意干涉性的动作出现。这种干涉性的动作，可以是频繁地在卖盘上挂出大单，以此来压制股价向上运行的空间，同时也是故意给盘面上制造心理压力。也可以是频繁地出现对倒打压的动作，以此给盘面制造恐慌效应，达到测试盘中承接能力及持股者信心程度的目的。

有这些故意干涉性的动作出现的话，至少预示着该股是有主力资金关注的，即便经历这波"磨底"之后股价没有立刻启动一波上涨行情，但就长期走势而言，还是值得投资者去密切关注的。

要点二：在跳空中缩量

上述谈到在跳空之后的二次寻底过程中，需要有一个反复“磨底”的动作出现。除此之外，在“磨底”之前的那波下跌过程中，其细节变化也是着实重要的。

在这个过程中，从量能的角度而言，最好有一个缩量的过程，即通常所说的无量空跌，在缩量的过程中卖盘上最好频繁地挂出大手笔的单子，而买盘上挂出来的都是一些零散的小单。

有缩量的过程时，从某种程度就预示着盘中的下跌动力已经出现了衰竭。而在卖盘上又频繁挂出大手笔的单子，那至少表明该股是有主力资金在里面活动的，从另一层面上也反映了下跌能量得到了一定程度的释放，并没有因为有大单的出现而产生恐慌效应，这为后面的成功寻底提供了先决条件。当然，倘若在向下跳空的过程中成交量出现放大，那就要仔细观察这种量是如何释放出来的。只要不是因为有大量的主动性抛压而促使的，而是因为盘中出现了大量的故意对倒打压而导致的，那么这种形式的放量就是安全的。

从图 6-19 的六国化工（600470）可以看到，该股在出现这种向下跳空进行再次寻底的过程中就出现了缩量下跌的动作，同时在运行到前一次的低位附近时也经历了一段时间的反复“磨底”的走势过程，而后便迎来了一波上涨行情。

要点三：在堆量中反弹

从图 6-20 的南宁百货（600712）可以看到，在出现向下跳空形态继续寻底的动作之前，股价走出了一波堆量反弹的走势，当其运行到半年线上受到阻力后便再次进入寻底的趋势运行。

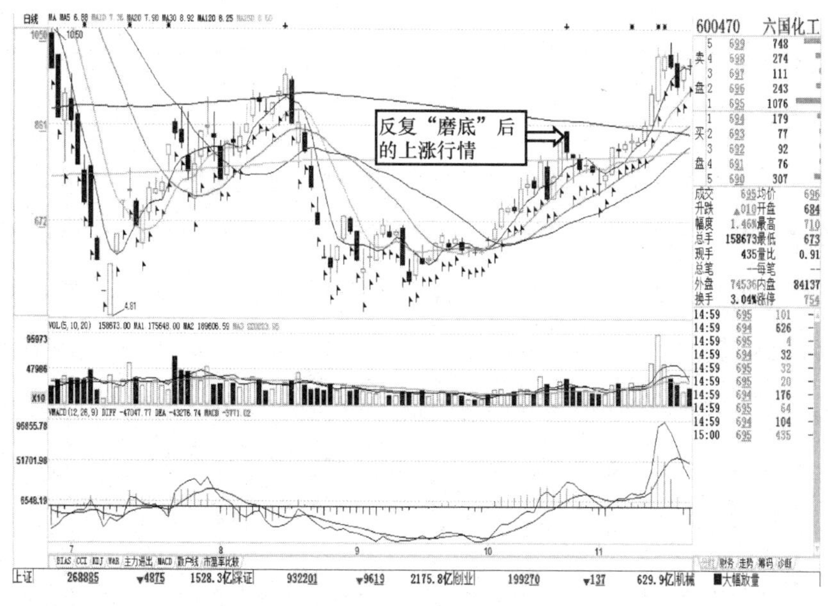

图 6-19 六国化工（III）

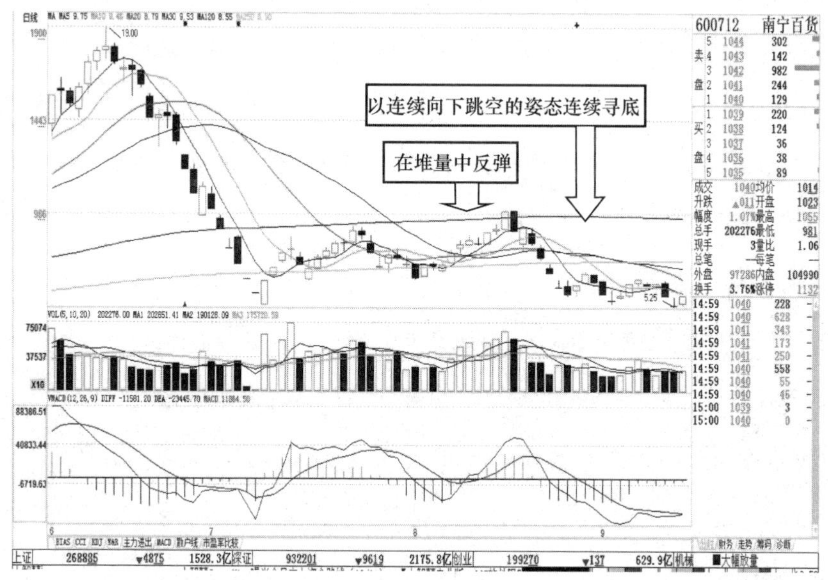

图 6-20 南宁百货（I）

对于这种堆量式的反弹，也是需要投资者重点关注的。从图中能够提前捕捉到后面随之而来的向下跳空的动机，一旦这种堆量是因主力资金故意压制之下而促使盘面出现散户恐慌性离场而导致的，那么对于随后以向下跳空的形式来寻底的动作就很值得投资者去关注了。

倘若在反弹堆量过程中，卖盘上频繁地挂出大手笔的单子，而买盘上却没有出现托单，即在买盘上几乎没有大手笔的单子挂出，同时在堆量反弹的过程中会时不时地出现向下对倒的动作，随着反弹的延续，盘面上也有明显的主动性抛压涌现，从而促使这个过程中的成交量出现堆量式的情况。换言之，从频繁性地挂大卖单动作上来看，目标个股是有主力资金在里面活动的，而这个时候的主力并非真正想抛售筹码。否则的话，主力是不会直接挂出来暴露给散户看的。

这种堆量在很大程度上是在主力的故意压制之下（通过挂大卖单的形式去压制），促使前期被套的筹码在反弹过程中趁机止损出局或止损解套出局的，尤其是在运行到临近半年线或年线附近时，这部分浮动筹码更会趁机出逃。进一步来讲，这种采取挂大卖单的形式来故意压制股价反弹的动作，在一定程度上也是为了清洗浮动筹码。

这种堆量反弹的另外一个关键点在于，在反弹触及重要压力位置又回落的过程中，即在出现向下跳空之后的回落过程中，成交量是否能出现迅速萎缩的状态，或者出现逐步萎缩的状态。

由反弹过程中的堆量到随后回落过程中缩量上的切换，这一细节动作往往是反映多空双方较量的一个重要标的。倘若有这种迅速缩量的过程，或者明显性的逐步萎缩的过程，那至少预示着盘中的下跌能量得到了一定程度的释放。否则，在这种向下跳空的走势之下，盘面上出现恐慌性抛压并导致成交量出现明显的放大，就会成为必然。

从图6-21中可以看到，股价在连续向下跳空继续寻底的过程中，成交量就出现了明显的逐步萎缩，这种缩量与前面反弹过程中的堆量形成了一种明显的切换。综合来思考的话，那就不难得出当时的下跌能量已经得到了较大程度的释放。否则，这种形式的连续性向下跳空是会引发盘中出现恐慌性的抛压，从而导致这个过程中的成交量出现明显的放大。

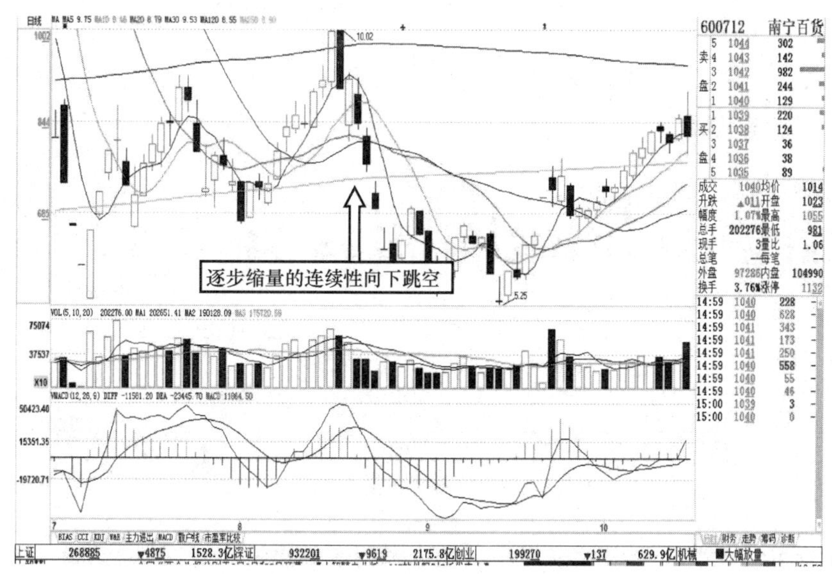

图 6-21　南宁百货（Ⅱ）

有了这种量的切换后，并不意味着股价就一定能在短期内触底回升，经历继续下挫之后也需要一段时间的反复“磨底”。另外，对于这种堆量反弹之后的缩量向下跳空的走势，倘若在缩量向下跳空的过程中，甚至在整个继续向下寻底的过程中，卖盘上不断有大手笔的单子挂出，而买盘上挂出来的都是一些零散的小单，有这种走势迹象时，那是再好不过了。

有这种迹象的存在，就足以说明这种继续向下跳空的寻底动作是主力刻意打压而促成的。在这种情况下，其后市的股价运行是值得中长期看好的。

从图 6-22 中的走势上可以看到，该股在经历继续向下跳空的寻底之后，便迎来了一波上涨行情。当然，投资者要想把握好这波行情的话，还需要进一步根据当时的盘面运行迹象去深入思考，这样才能一路跟随下来并享受到其中的收益。

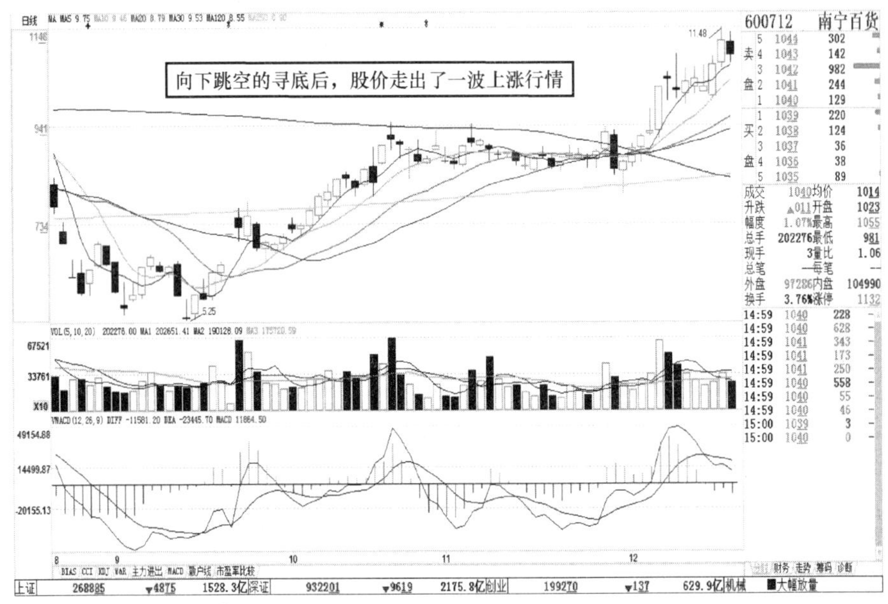

图 6-22 南宁百货（III）

对于新手来说，要学会从多个层面思考问题，思维不能仅局限在形态的表面上。要重点从成交量的变化、成交量的释放方式及盘中出现的故意干涉性的动作上去思考它，同时还要结合当时的大势去综合判断。

在这个市场中，技术形态表面上的掌握并不难，难的是如何去形成自身的思维方式、思维角度，进而形成自身的思维模式。思维模式形成了，投资理念及其操作模式也就自然形成了。当然，这一过程是“痛苦”的过程，谁能带着思想去坚守，谁就能在这个市场中胜出。

接下来就来看看，在实战过程中对于这种形式向下跳空的个股，在操作上应如何去应对它。

操作技巧

对于新手来说，在实战过程中可以参考以下这些技巧进行应对。

持币者

（1）在异动下试探性参与

对于这种类型的向下跳空，除了上述所谈到的观察迹象外，在实战过程中，投资者还可以抓住盘面上出现的异动动作来确定入场参与的策略。从图 6-23 中的博信股份（600083）上就可以看到当时盘面上出现了两次明显的异动动作。

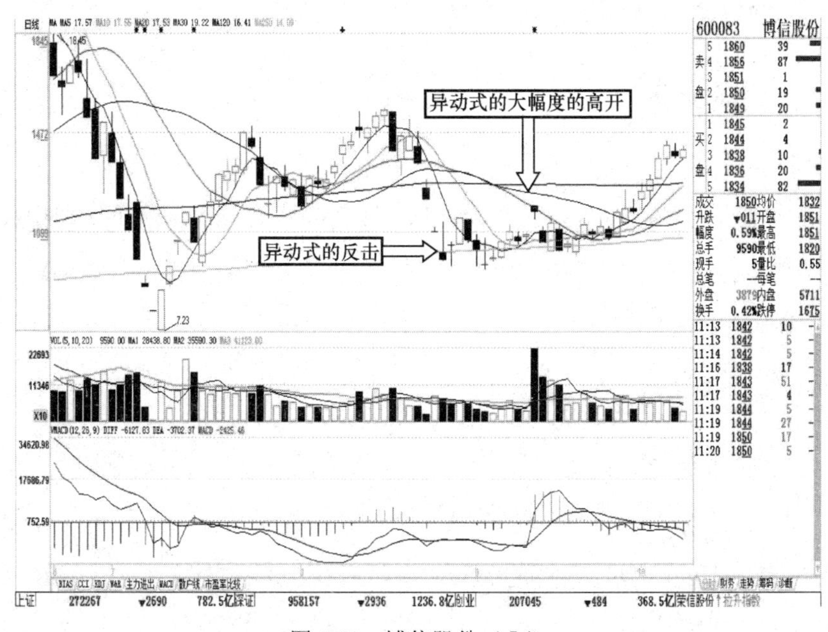

图 6-23 博信股份（Ⅰ）

从当时的走势上可以发现两点，一是向下跳空过程中大幅度冲高回落上的异动。在实战中，投资者要注意股价冲高反击之后的细节变化，倘若股价的回落是被盘中出现的持续性向下对倒打压下去的，同时在股价回落的过程中主动性抛压又较为稀少，那么随后股价的寻底往往是可以确定的，至少极有可能形成阶段性的底部。

二是该股在反复“磨底”过程中出现了大幅度高开的异动动作，这种动作有试探性回升以脱离底部的成分在里面。对于这种异动动作，要关注的焦点在于高开之后当天的回落过程中盘面所表露出的细节上，同样是高开低走，但低走过程中的细节不一样，所带来的试探结果也是不一样的。

倘若在当天高开低走的过程中，股价的低走主要是被盘中出现的向下对倒单打压下去的，换言之，在走低的过程中主动性抛压是稀少的，即盘中持股者的信心是较为坚定的，浮动筹码已经释放得差不多了，在这种情况下，倘若在随后的走势里股价能出现明显的企稳回升，并且是较为稳健的回升时，那么对于有一定风险承受能力的新手来说，就可以轻仓入场试探性参与，待其逐步脱离底部之后再适当加仓。

相反，倘若在高开低走当天，股价的低走主要是由于盘中出现了明显的主动性抛压而导致的，那往往预示着盘中的浮动筹码依旧是比较多的。在接下来的走势里，股价往往会继续寻底，甚至会再次出现下跌。在这种情况下，即便股价出现了反复的震荡波动，在盘中主动性抛压没有明显减弱的前提下，对于新手来说都是不能急于入场参与的。

（2）在二次蓄势中出击

对于风险承受能力较弱的新手而言，面对这种类型的向下跳空时，在股价没有脱离底部之前不要盲目入场抄底。换言之，倘若在寻底过程中，股价距离年线和半年线上的阻力位置较近的话，在没有向上形成突破之前，最好以观望为主。

对于这种类型的个股，在脱离底部之后往往会有一个再次蓄势的动作，即股价回升向上突破半年线及年线的阻力之后，盘中会有一个主动性的休整动作。对于新手来说，在这次蓄势之后再次向上拉升时就可以入场参与了。

从图6-24的博信股份（600083）的走势上可以看到，股价在向上形成突破之后便出现了一波主动性休整的走势。这种休整对于稳健型的投资者，尤其对于新手而言，是值得高度关注的，一旦休整之后再次向上启动行情，就可以根据自身的风险承受能力适当性地入场参与了。

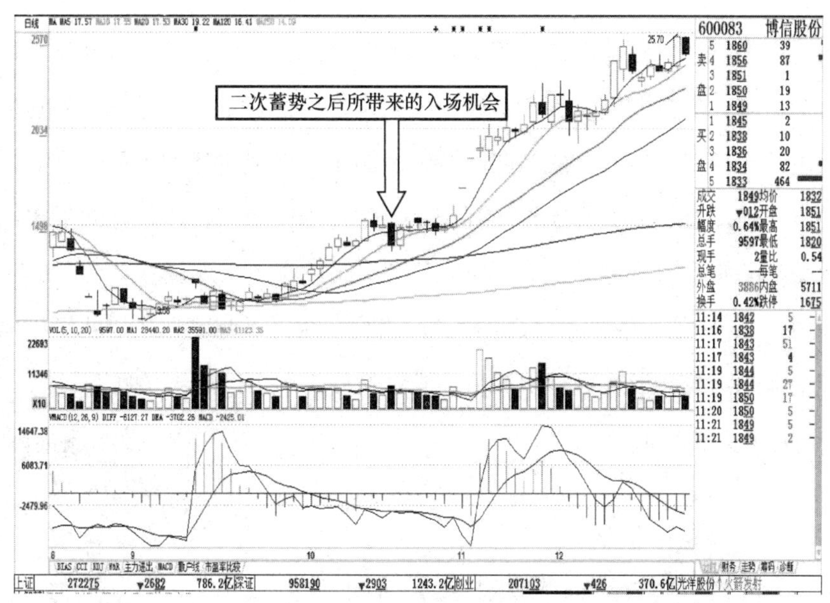

图 6-24　博信股份（Ⅱ）

对于这种二次蓄势的走势，新手在实战跟盘过程中，同样需要关注这个过程中的细节变化。重点要关注的是这个过程中有无干涉性的动作出现，如对倒性动作、刻意性挂大单的动作等。同时，也要关注这个过程中的主动性抛压程度。

倘若在蓄势休整的过程中，频繁性地挂出大卖单来压制股价的上行空间，同时盘中的主动性抛压并不明显，那么这种蓄势就是有效的，股价接下来一般都会再次进入上升通道运行。

倘若有这些干涉性的动作出现，但盘中的主动性抛压较为沉重的话，那么这种蓄势休整往往是很难一步到位的。即便在随后的走势中股价出现了上冲的动作，那么这种动作也只是试探性的，股价将极有可能再次回归到蓄势休整的阶段运行。在这种情况下，作为新手而言，就要耐心等待，等待盘中的主动性抛压明显稀少，再次向上启动之后再考虑入场也不迟。

（3）在轻松收阳中适当参与

倘若在出现这种向下跳空之后，股价在反复“磨底”的过程中呈现一段时间的窄幅度整理后，轻松地收出一根上涨的大阳线的话，对于风险承受能力较强的新手来说，可以考虑在当天收盘前轻仓式入场，但最好不要超过一成的仓位，这种参与也是一种试探性参与的策略。待随后的走势出现明显的走稳回升后，再去考虑逐步性地加仓。但如果股价运行到重要的技术压力位置附近，如半年线或年线附近受到了明显的阻力时，就要及时获利了结，先出来观望。

如图 6-25 中的卧龙地产（600173），该股在经历“磨底”之后就轻松地收出了这种上涨的阳线。形成这种阳线后，股价便逐步向上，脱离了底部。

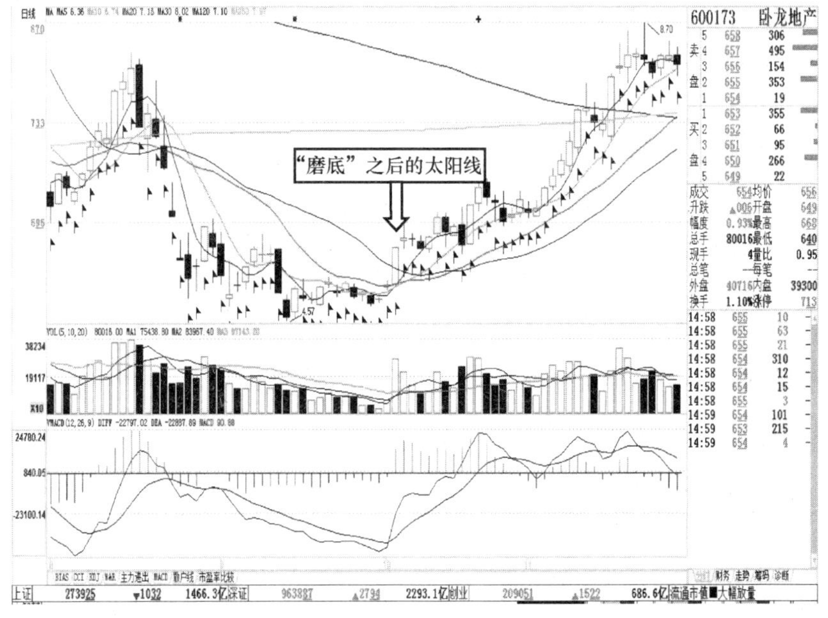

图 6-25　卧龙地产

这里需要强调的是，在出现这种阳线之前的走势里，投资者一定要根据当时的盘面迹象确定有主力资金在里面活动后，并且在“磨底”的过程中很少有主动性的抛压涌现，才能在收出这种阳线时入场试探性参与。

另外，这里所说的轻松收阳，简单一点讲就是指在收阳当天的走势里，股价在分时走势图上运行较为畅通，没有受到明显的强劲阻力的影响，即股价在当天的分时走势图上呈现稳步向上攀升的势头。

当然，在“磨底”后如果直接收出一根上涨的大阳线，那么往往会在接下来的几天里出现小幅度调整的动作，在调整的过程中成交量会出现明显的萎缩。对于新手来说，也可以选择在这种调整的过程中试探性地入场买进。

除了前述谈到的这些向下跳空的类型之外，有些时候中长线的主力入驻之后，往往也会促使股价出现向下跳空的走势，并且这种跳空又是连续性的大幅度的向下跳空，有的甚至会借助利好消息促使其以连续跌停的形式来向下跳空。

对于这种类型的个股，经历向下跳空之后的“磨底”或许不是在短时间内形成的。换言之，这种类型的个股往往是需要很长时间的，并且是经历反复性的“磨底”后才能走出一轮真正意义上的上涨行情。在反复“磨底”的过程中，盘中也会出现间断性的试探性拉升，但这种拉升往往是一两天的动作，切换较为频繁，对于新手来说把握起来是有很大难度的。

如图 6-26 中所示的山东黄金（600547），该股在下跌通道运行时就是以连续跌停的形式向下跳空的。

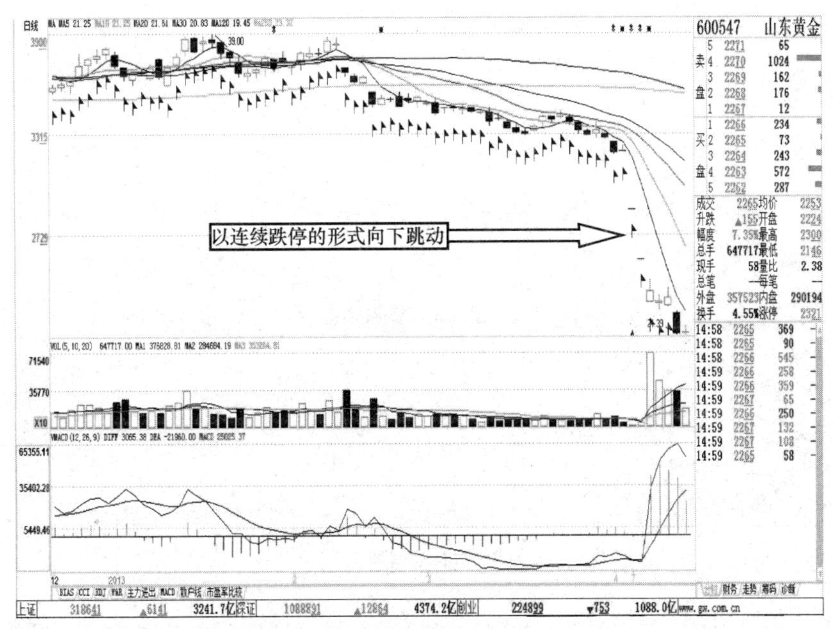

图 6-26　山东黄金（Ⅰ）

对于这种类型的向下跳空，主力资金往往还处于建仓阶段，即当时的主力是在借用利空消息的影响，或者借用自己手中已经收集到的那部分筹码来打压股价，促使股价走出一波下跌的行情，以此来获取更为廉价的筹码。

从图 6-26 中的走势里可以发现，在以连续跌停的形式向下跳空之前，股价其实走出了一轮无量空跌的走势。在这个过程中，股价在整体上呈现出一路小幅度下跌的形式，这种下跌有时被称为无量阴跌，这也是这类个股一个较为明显的特征。

从图 6-27 中可以看到，股价经历连续向下跳空之后，随后进入了止跌“磨底”的走势运行，在这个过程中成交量也呈现萎缩的状态，从形态的表面上来看，似乎股价经历这波“磨底”的走势后，就会启动一轮上涨行情。但该股在接下来的走势里并没有按照散户的这种思维来运行。

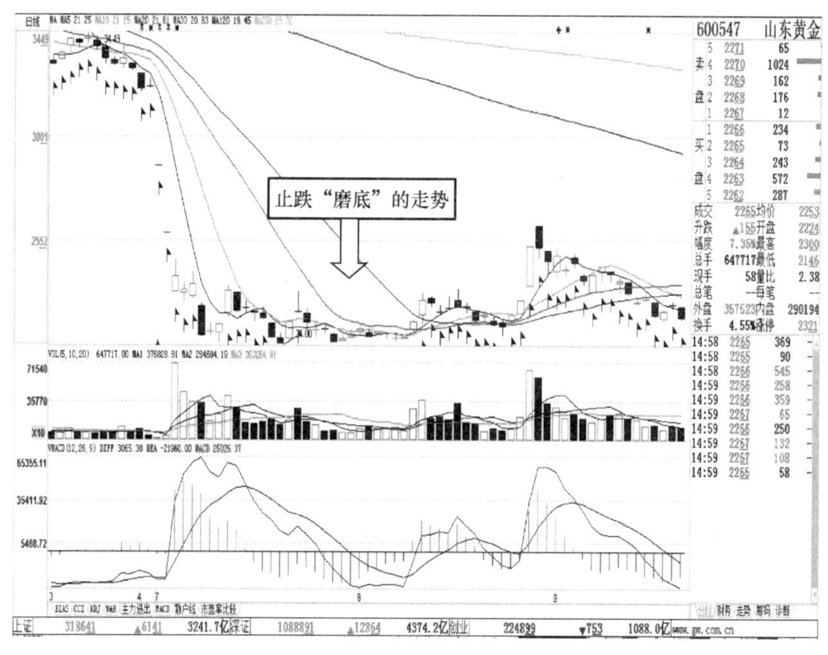

图 6-27　山东黄金（Ⅱ）

从图 6-28 中的走势上可以看到，股价在经历一段时间的“磨底”动作之后，虽然也出现了一个拉升的动作，但这种动作来得突然，去得也突然。在短暂的试探性拉升之后，股价再次进入了阴跌的阶段运行。

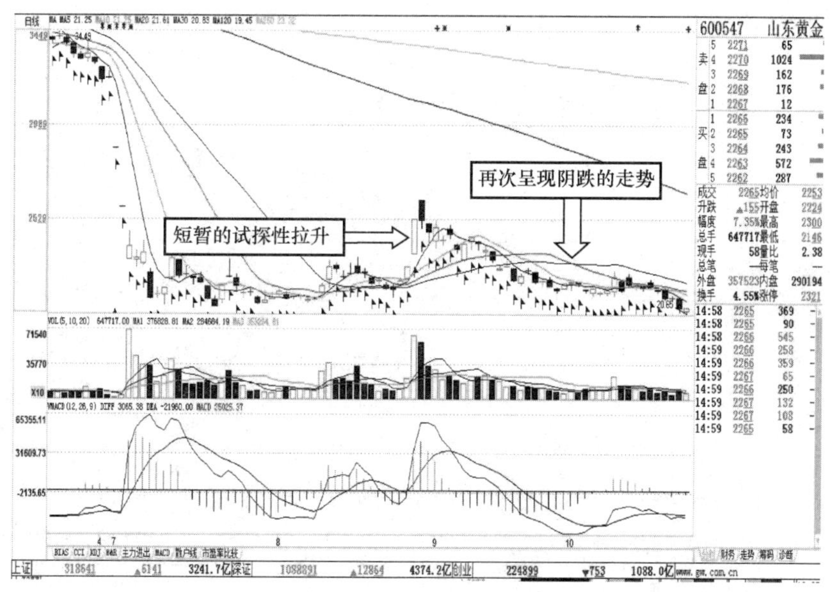

图 6-28　山东黄金（Ⅲ）

其实这种类型的个股在“磨底”的过程中，一般都会有一个较为明显的特征。那就是在这个过程中，一般不会出现干涉性的动作，无论是对倒性的干涉，还是刻意挂大单的干涉性动作。即便有干涉性的动作出现，也是偶尔的试探干涉而已。

换言之，主力会任凭散户自己在里面自由折腾。在整个“磨底”的过程中，买盘和卖盘上挂出来的往往都是一些零散的小单。而在“磨底”之后出现的拉升中，股价的上冲基本上是被盘中的向上对倒单拉起来的，在分时走势图上，股价会频繁地出现直线式的拉升，有些甚至会直接通过对倒的形式将股价拉起。在经历这种短暂的试探性拉升后，盘中就会频繁出现打压动作，主要是向下对倒的手法，以及采取在卖盘上频繁地挂大单的动作来打压股价，促使股价再次进入阴跌的趋势运行。

对于这种类型的个股，“磨底”往往需要较长的时间，少则几个月，多则一年以上都是有可能的。但这种类型的个股一旦启动行情，往往就是一波上涨幅度较大的行情。从图 6-29 中可以看到，该股在经历长期的“磨底”之后，便走出了一波幅度较大的上涨行情。

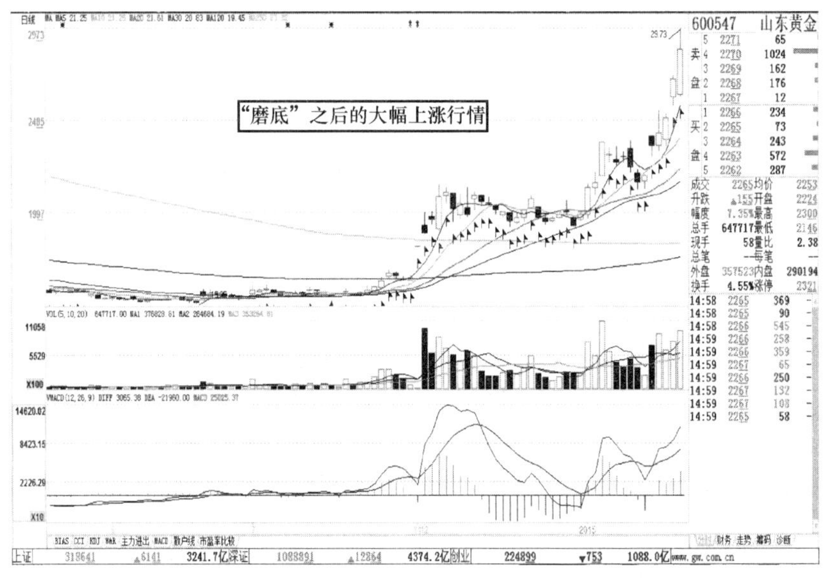

图 6-29 山东黄金（Ⅳ）

对于新手来说，面对这种类型的个股时，尽量不要去盲目抄底，而应等到股价明显脱离底部并确认了上升趋势后，即在股价向上成功突破了半年线和年线上的阻力之后，再去考虑入场参与。在一般情况下，突破之后往往还会有休整的动作，在休整之后再次启动时，对于新手来说就可以适当性地入场参与了。

持股者

（1）起跳时先出局

对于这种类型的个股，倘若在低位经历了一波筑底整理的走势形态后，突发性地出现向下跳空并跌破原有筑底平台的话，那么对于持有该股的投资者而言，就应该先在当天“起跳”时及时清仓出局，后市往往会有一波幅度较大的继续寻底下跌的走势。

这种状态之下的向下跳空，即便是主力故意的打压所致，在接下来的几天里，股价也往往会有加速下挫的过程，持股者没必要去“跟随”。应先出来回避可能出现的继续下挫所带来的风险，待其再次筑底企稳回升时再买回来。

（2）在企稳中见机坚守

倘若持股者没有在刚开始“起跳”的过程中及时出来回避，而是一路“跟随”其下跌之后股价企稳了的话，在这种情况下就应该适当地坚守，既然没有避开前面的下跌，而此时股价又出现了企稳的迹象，此时坚守也是一种选择。但此时的坚守是有前提条件的，即在前面的向下跳空的过程中，要有一个缩量的过程，或者因为盘中出现了大量的向下对倒而促使成交量出现了放大。

有缩量的过程才能更充分地表明盘中的浮动筹码是稀少的，即通过这波加速的下挫之后，做空能量得到了较为充分的释放，在这种前提下，股价寻底成功才会是大概率事件。当然，在缩量下挫的过程中，倘若卖盘上不断地挂出大手笔的单子压制股价，那是最好不过的了，这是一个明显的故意干涉性动作，表明场内是有主力资金在里面活动的。倘若股价经历一段时间的企稳之后，并没有向上运行，而是继续出现逐步的震荡下跌，并有跌破原本企稳的平台之上，这个时候还是应该先止损出局的。

温馨提示：

在这种场景之下所形成的此类形态时，对于新手而言，是不能急于去抄底的，即便通过前面的走势迹象确定了是有主力资金在里面活动的。长期下跌之后的底部往往不是能一气呵成地构成的，很多投资者，尤其是新手被套在里面的往往是太想要抄底了，在这种心急的情绪之下过早地入场参与。

新手导语

对于新手而言，面对形成这种 K 线形态的个股时，首先想到的不是获利多少的问题，或者能否及时抄到底部的问题，而是首先要把风险放在第一位，尤其是在股价高位区域时。换言之，我们的认知觉悟是很重要的。在这个市场中参与，最关键的是要时刻地控制住自己的情绪，尤其是在股价进入高位之后走出一波加速拉升行情时，这种状态之下，投资者是最容易因情绪“误事”的，对于新手来说就更是如此。

对于这种形态，我们要懂得去思考它所代表的未来的方向，或者是接下来一段时间里的趋势导向。在这种层面之上，再深入到盘面的细节中去观察，才能让自己淡定与从容地去应对它。

当其出现在高位时，以及出现在长期下跌之后的低位区域时，对于新手而言，心态很重要，静才能思远，才能思全。心态不一样，姿态不一样，结果自然就会不一样。